Carsten Tergast

Wer man früher war

Carsten Tergast

Wer man früher war

1. KAPITEL

Eine mysteriöse Mail

Thekla Siemens schaute aus dem großen Panoramafenster der Kaffeerösterei Baum in der Leeraner Fußgängerzone und versuchte, sich vorzustellen, was die Menschen, die draußen entlangflanierten, wohl innerlich beschäftigen mochte. Sie nannte das ihr „kleines Psychologiestudium" und rechtfertigte damit auch vor sich selbst, dass ihre Stimmung im Moment recht mau war. Wobei „mau" noch untertrieben war, denn wenn sie ehrlich war, hatte sie so ein richtiges Tief. Die letzten Monate waren heftig gewesen, als junge Polizistin waren ihr in der Dienststelle einige Sachen um die Ohren geflogen, nur weil sie an ihrem Gerechtigkeitssinn festgehalten hatte. Sie hatte ein paar Tage Urlaub genommen, um die Geschehnisse zu verarbeiten und hinterher frisch gestärkt wieder ans Werk zu gehen. Im Moment war allerdings noch eher Trübsalblasen angesagt.

Es lief einfach nicht gut. Und dabei war sie so motiviert gewesen, als sie den Polizeidienst angetreten hatte, immerhin eine Tätigkeit, bei der man für die Gesellschaft wichtig war. Das Verbrechen war da draußen, und sie wollte ihren Beitrag leisten, um es einzudämmen.

Immerhin hatte die Ostfriesen-Zeitung neulich eine Serie über Kriminalfälle in der Region begonnen. Die hatte Thekla mit Aufmerksamkeit gelesen, denn tatsächlich tauchte da der Fall auf, mit dem sie zu tun gehabt hatte und der ihr zurzeit solche Magenschmerzen bereitete.

„Moin Thekla! Guck doch nicht so grimmig, siehst ja aus, als wenn dir 'ne Leiche über die Leber gelaufen wäre!" Dröhnendes Lachen folgte diesem Spruch, den sie schon beim ersten Mal nicht witzig gefunden hatte. Und mittlerweile hatte sie ihn wirklich oft gehört. Klaus Martens stand neben ihr, bestellte mit seiner durchdringenden Bassstimme quer durch den Laden einen Cappuccino und schmiss seine wuchtige Gestalt ungefragt auf den Hocker neben Thekla. Klaus kümmerte sich nie darum, ob andere Leute im Laden vielleicht vor ihm an der Reihe gewesen wären, er fühlte sich immer als der Mittelpunkt. Wo er war, tobte das Leben, und alle anderen durften sich in seinem Glanze sonnen.

„Gucke ja gar nicht grimmig", murmelte sie vor sich hin und überlegte, wie sie Martens wieder loswerden konnte. Er war ihr direkter Vorgesetzter bei ebenjenem Fall gewesen und nicht ganz unbeteiligt daran, dass sie diesen nicht hatte lösen können, obwohl sie auf der richtigen Spur gewesen war. Martens

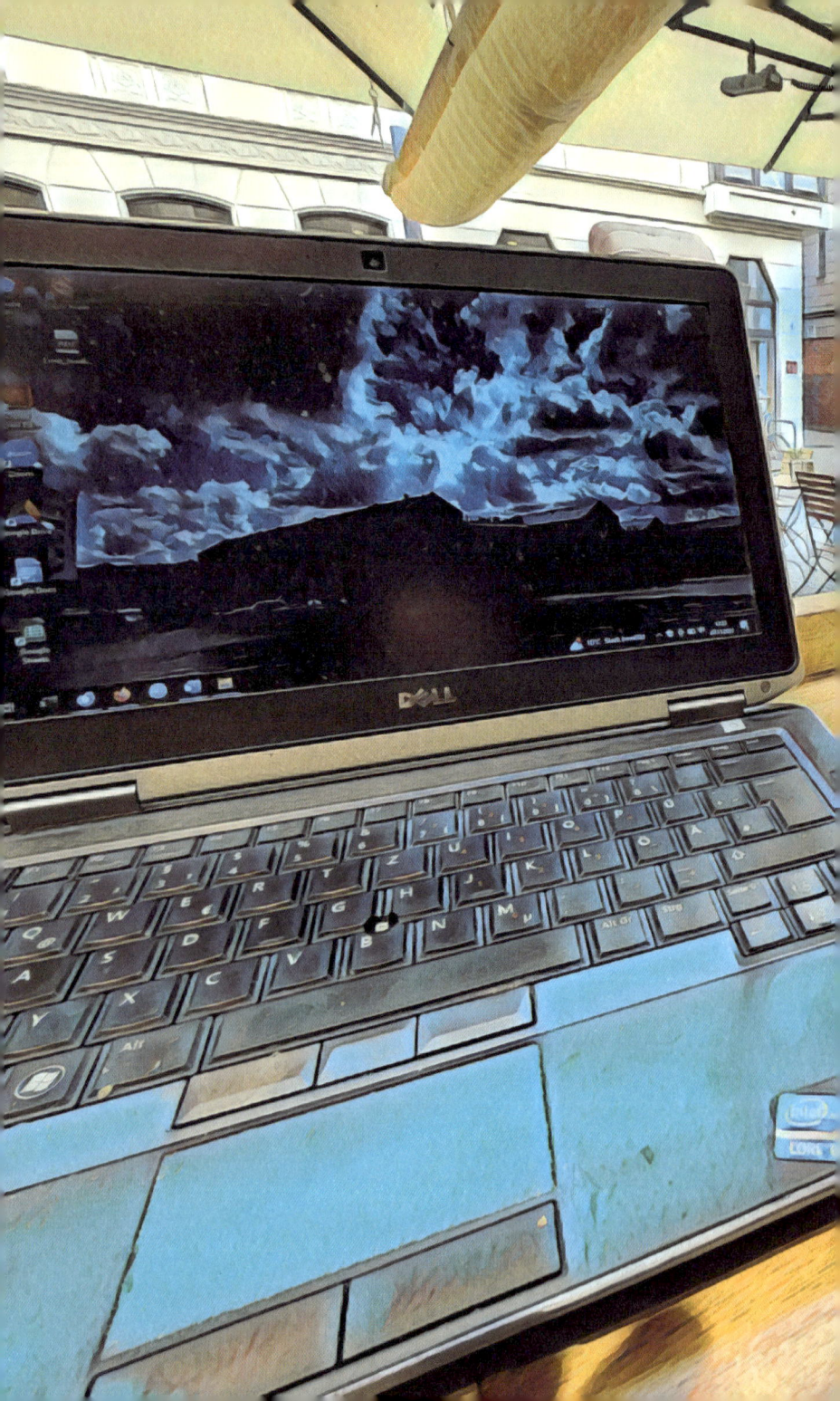

hatte ihr damals Informationen vorenthalten und sie ins offene Messer rennen lassen, weil er es nicht ertrug, dass jemand anders die Lorbeeren für einen gelösten Fall erntete. Dadurch war ihnen der Täter am Ende durch die Lappen gegangen, und Thekla hatte mit schweren Anschuldigungen zu kämpfen gehabt. Mittlerweile hatte sie zwar die Abteilung gewechselt und arbeitete unter einem anderen Vorgesetzten, doch sie war kurz davor gewesen, die Uniform auszuziehen und mit dem ganzen Laden nichts mehr zu tun haben zu wollen.

Martens war ihr Frust egal gewesen, und auch die Dienstaufsichtsbeschwerde, die sie gegen ihn eingereicht hatte, schien er einfach so weggesteckt zu haben. Jedenfalls tat er immer so, als würden sie sich bestens verstehen. Und brachte den Spruch mit der Leiche und der Leber. Immer aufs Neue.

Sie musste hier raus. Thekla wartete, bis der feist grinsende Hauptkommissar seinen Cappuccino vor sich stehen hatte, stand dann auf und heuchelte Bedauern, als sie sagte: „Du, Klaus, ich muss dann leider auch mal los, genieß mal deinen Cappuccino, einen besseren als bei Baum gibt es ja in der ganzen Stadt nicht."

Sie stand auf, ignorierte sein verdutztes Gesicht, zahlte und trat vor die Tür. Es war ein grauer, verregneter Novembervormittag, die Blätter fielen von den Bäumen, ein leichter Nieselregen benetzte alles, und die ersten Einzelhändler hatten begonnen, ihre Schaufenster weihnachtlich zu dekorieren.

Obwohl sie nicht bester Laune war, freute Thekla sich, wie jedes Jahr, auf die Weihnachtszeit. Sie neigte zu Sentimentalität und flüchtete sich gerne mal in den Lichterglanz und das Besinnliche, das dem Fest anhaftete. Deshalb trat auch ein leichtes Lächeln auf ihr Gesicht, als sie die Dekorationsbemühungen in den Geschäften bemerkte. Sie wandte sich nach rechts, ging über den gerade frisch aufgebauten Weihnachtsmarkt auf dem Ernst-Reuter-Platz mit seinem großen Riesenrad in Richtung des Leeraner Hafens. Zum Nachdenken ging sie gerne an der Promenade entlang und betrachtete die dort vertäuten Boote. Nicht selten wünschte sie sich, einfach eins besteigen und davonfahren zu können.

Bing! Thekla brauchte einen Moment, bevor sie realisierte, woher dieses plötzliche Geräusch kam, das sie aus ihren Gedanken riss. Sie griff in die Innentasche ihrer leuchtend roten Winterjacke, die sie sich extra in dieser Signalfarbe gekauft hatte, um dem kalten Grau des Winters etwas entgegenzusetzen. Sie holte ihr Smartphone heraus und schaute auf das Display: Richtig, das war das Signal für neue Mails, sie hatte vergessen, den Ton abzustellen, obwohl das ständige Gebimmel sie nervte. Hier eine Mail, da eine WhatsApp oder Anrufe – warum wollte bloß ständig jemand was von einem? Und meistens waren diese Nachrichten dann auch noch uninteressant.

Thekla öffnete das Mailprogramm und schaute mäßig interessiert auf die drei neuen Mails, die das Geräusch ihr angekündigt hatte. Eine Werbemail von der Firma, bei der sie die Jacke gekauft hatte: gelöscht. Noch ein Newsletter: gelöscht. Bei der dritten Mail runzelte sie die Stirn. Absender: *Diesemailverändertdeinleben@gmx.de*. Bestimmt Spam, dachte sie, doch dann fiel ihr die erste Zeile mit der Anrede auf: „Moin Thee" stand da. Thee. Das war ihr Spitzname seit der Schule, eine Kombination aus ihrem Namen und der ostfriesischen Vorliebe für Tee. Da kannte sie offenbar jemand von früher, denn heute nannten sie höchstens noch Menschen so, die sie schon lange kannten.

Thekla warf einen langen Blick auf das Panorama am Leeraner Hafen mit seinem neu erbauten Stadtteil, atmete tief durch und öffnete die Mail.

Moin Thee,

Du wunderst Dich sicher, wer Dir schreibt und Dich mit diesem Namen anspricht. Möglicherweise wirst Du das in nächster Zeit erfahren, das hängt davon ab, wie Du Dich verhältst und ob Du Dich der Aufgabe würdig erweist, die ich Dir zugedacht habe. Diese Aufgabe wird Dein ganzes Können als Ermittlerin erfordern und könnte Dein Leben verändern. Sie wird Dich Mühe kosten, wird Dich in Deine eigenen Abgründe schauen lassen und Dir vielleicht schlaflose Nächte bereiten. Aber am Ende wirst Du erkennen, dass Du die Welt ein wenig besser gemacht hast.

Antworte mir in den nächsten 24 Stunden, ob Du Dich darauf einlassen willst.

M

Thekla starrte auf die Mail. M? Wer war dieser Witzbold? Irgendein Manuel, Michael, Markus? Eine Monika, Marianne, Michaela? Wen kannte sie, dessen Name mit „M" begann und der ihren Spitznamen kennen könnte? Auf der anderen Seite: Würde sich jemand so einfach verraten? Wahrscheinlich begann der Name des mysteriösen Mailschreibers mit allem Möglichen, aber nicht mit „M".

Antworten? Ignorieren? Löschen? Die Gedanken in Theklas Kopf begannen sich zu drehen wie ein Karussell auf dem Leeraner Gallimarkt, dem größten Volksfest Ostfrieslands, das jedes Jahr im Oktober in Leer stattfand. Vor sechs Wochen war sie noch dort gewesen, mit ihrer Freundin Magda, das war schön gewesen, endlich mal wieder ein Abend, ohne die Probleme des Alltags zu wälzen. Theklas Gedanken schweiften ab. Verdammt, konzentrier dich!, dachte sie. Was wirst du tun, wie reagiert man auf so was? Kurz kam ihr sogar die Idee, dass Magda ja auch mit M begann. Hatte sie sich einen Scherz erlaubt? Unwahrscheinlich, dachte sie dann jedoch, Magda ist immer so korrekt, so was würde die nicht bringen …

Nach einigen Minuten tippte sie mit ihrem Zeigefinger auf „Antworten" und begann zu schreiben.

Klaus Martens hatte sich den zweiten Cappuccino, den er normalerweise bei Baum trank, gespart und war bereits auf dem Weg zu seinem Auto. Er fuhr einen 68er-Mustang, ein Relikt aus der Ära der Muscle Cars. Martens fand, so ein Auto passte exakt zu ihm. Konnten ihm alle gestohlen bleiben mit ihren modernen Elektrokarren, mit denen sie die Welt retten wollten. Ein Auto musste laut sein und Bumms haben. Und davon hatte der Mustang genug.

In etwa einer Stunde musste er in Aurich sein, um einen Bekannten zu treffen, der ziemlich dringend geklungen hatte. Wann er kommen könne, es gebe Neuigkeiten, die er ihm unmöglich am Telefon mitteilen oder schreiben könne. Martens grunzte vor sich hin. Dieser Bekannte ging ihm auf die Nerven, ein ewiger Verschwörer, witterte hinter jedem Busch Verrat und würde am liebsten mit Tarnkappe nach draußen gehen. Der hatte doch einfach nur zu viele Krimis gelesen. Martens hasste Krimis. Er las keine und schaute sich auch keine im Fernsehen oder gar auf einer dieser Streaming-Platt-

formen an. Polizisten, die einfach nur ihren Job machten, kamen da doch gar nicht vor. Wenn da mal einer seine Waffe benutzte, musste er anschließend gleich zum Therapeuten und das für den Rest des Krimis aufarbeiten. Martens hatte seine Waffe in seiner Karriere schon drei Mal benutzt, und er bedauerte, dass es nicht häufiger gewesen war.

Was er hasste, waren Polizistinnen wie Thekla Siemens, die Fälle ganz unspektakulär lösten. Solide Arbeit, Psychologie, und jeder Täter war natürlich ein Mensch, dessen Gefühle respektiert werden mussten. Gefühle. Damit hatte Martens es nicht so, außer es handelte sich um Wut. Die verspürte er oft, sprach aber nicht darüber, weil er wusste, dass er zu oft Probleme hatte, diese Wut zu kontrollieren. Sie war einfach in ihm, Wut war das Grundgefühl, das ihn die meiste Zeit antrieb. Wut verspürte er auch auf die Siemens, die ihm diese Dienstaufsichtsbeschwerde eingebrockt hatte, weil er ihr angeblich unzulässig bei diesem Fall dazwischengefunkt hatte. Dabei hatte sie das doch verbockt, dachte er, sie war einfach nicht hart genug für den Job. Wenn er sie sah, so wie gerade eben bei Baum, ließ er sich nichts anmerken, aber tatsächlich nagte diese Beschwerde heftig an ihm. Der würde er es zeigen.

Martens hatte seinen Mustang erreicht, stieg ein und lenkte das mit sonorem Sound brummende Gefährt auf die Straße, um sich auf den Weg nach Aurich zu machen.

„Senden". Thekla hatte fast so lange darüber nachgedacht, ob sie die Schaltfläche wirklich berühren sollte, wie sie gebraucht hatte, um ihre Antwort zu verfassen. Aber jetzt war es geschehen und die Mail auf dem Weg zu … ja, zu wem? Thekla zermarterte sich das Hirn über die geheimnisvolle Person, die sich „M" nannte. Vielleicht, so dachte sie sich, sollte sie sich auf den Weg zu ihrer alten Schulfreundin Kathrin machen. Die war vor einiger Zeit von Leer nach Norden gezogen und wohnte dort ganz in der Nähe des schönen Teemuseums. Thekla bedauerte, dass Kathrin nicht mehr vor Ort war, sie hatten sich oft in der Kaffeerösterei getroffen, um dem Alltag für einen Moment zu entfliehen und den neuesten Klatsch auszutauschen. Doch sie fuhr auch gerne zu ihr nach Norden, von dort war es nicht mehr weit zum Hafen von Norddeich, wo die Fähren nach Juist und Norderney ablegten. Thekla liebte es, sich auf einer der Inseln den frischen Wind um die Nase wehen und anschließend im Ort bei Kaffee und Kuchen die Seele baumeln zu lassen. Bis vor ein paar Jahren, als junge Abiturientin, war sie häufig auf die Inseln gefahren, vor allem Juist hatte es ihr angetan. Manchmal war sie allein dort gewesen, es waren aber auch immer mal wieder Freunde mitgekommen, und sie hatte viel erlebt, darunter auch Dinge, an die sie nicht ganz so gerne zurückdachte. Aber Fehler, so dachte sich Thekla, machen wir ja alle mal, gerade wenn wir jung sind.

Sie merkte, wie sie sich schon wieder von ihren Gedanken wegtragen ließ, und zwang sich, zurück auf „Gegenwart" zu schalten. Kathrin kannte sie schon lange, sie war eine von denen, die noch häufig Thee zu ihr sagten, vielleicht hatte sie eine Idee, was es mit dem mysteriösen Mailschreiber auf sich hatte.

Thekla schaute noch mal auf ihre Antwortmail. Was würde „M" dazu sagen? War das die Antwort, die er oder sie erwartete? Würden weitere Mails folgen? Sie las ihren Text noch einmal durch.

Hallo M!
Wer auch immer Du bist, meine Aufmerksamkeit hast Du. Da Du den Spitznamen meiner Jugend kennst, nehme ich an, dass wir uns in diesem Leben bereits persönlich begegnet sind.
Warum die anonyme Kontaktaufnahme? Können wir nicht einfach persönlich besprechen, worum es geht? Und warum sollte ausgerechnet Dein Auftrag mein Leben verändern? Von welchen Abgründen sprichst Du, in die ich schauen könnte?
Du siehst: So viele Fragen, die ich mir gerade stelle, und ich würde diese gerne von Angesicht zu Angesicht besprechen. Vielleicht ist das ja möglich.
Gespannte Grüße
„Thee"

Sollte M doch aus der Reserve kommen, dachte sie. Was war das für eine Art, jemandem geheimnisvolle Mails zu schicken, deren Inhalt nicht mehr als ein Raunen war, eine Ahnung von irgendetwas. Je länger sie darüber nachdachte, desto weniger gefiel Thekla diese Art der Kontaktanbahnung. Wer was von ihr wollte, konnte doch wohl mit ihr sprechen.

Sie schickte Kathrin eine Nachricht mit dem Vorschlag, sich am Nachmittag in Norden zu treffen, und steckte das Handy wieder weg, nachdem sie die Benachrichtigungstöne abgestellt hatte. Es würde sich schon zeigen, ob und wie M reagierte.

2. KAPITEL

M. Und was einst geschah

Thee. Sie hatte geantwortet. Ziemlich schnell sogar. Großartig. M stand auf, ging zur Kaffeemaschine und überlegte, was das für das weitere Vorgehen bedeutete. Wie viel Informationen sollte Thee mit der nächsten Mail bekommen? Für ein Treffen, wie sie vorgeschlagen hatte, war es eindeutig zu früh. Sich zu diesem Zeitpunkt so weit aus der Deckung zu wagen, würde alles gefährden.

M schloss für einen Moment die Augen. Thee. Damals, in jenem Sommer. Einzelne Momente blitzten in Ms Erinnerung auf. Juist. Partys, Fahrradfahrten durch die Insellandschaft an einem heißen Sommertag, ein Tag am Strand. Ob sie sich genauso intensiv daran erinnerte? Oder ob sie alles verdrängt hatte, aufgrund der Dinge, die in diesem speziellen Sommer geschehen waren? Was damals passiert war, war unverzeihlich, doch Thee schien das alles vergessen zu haben. Doch so ging es nicht weiter, Thee musste erkennen, was wirklich passiert war, und sich verantworten. Dann wäre die Sache endlich abgeschlossen.

M würde sie eine Nacht zappeln lassen und erst morgen eine Antwort verfassen. Sie durfte ruhig ein wenig schwitzen und intensiv nachdenken. So wie M selbst in den zurückliegenden Jahren.

Arne Petersen saß auf einer Bank an der Juister Strandpromenade und schaute auf die Uhr. Kurz nach 18 Uhr. Ein Lächeln trat auf sein Gesicht. Gleich würde er sie endlich allein treffen. Thekla. Die rote Zora, wie er sie aufgrund ihrer herrlichen roten Haare für sich manchmal nannte. Was war das für ein großartiger Sommer. Es war 2018, und hier auf der Insel brannte die Sonne vom Himmel, als wenn es kein Morgen gäbe. Auf dem Festland schwitzten sie bei bis zu 38 Grad, und selbst auf Juist war die Temperatur in den letzten Tagen stabil bei über 30 Grad gewesen.

Sie hatten die letzten beiden Tage fast ausschließlich am Strand verbracht und waren nur ab und zu zur Strandhalle hoch gegangen, um eine Kleinigkeit zu essen und ein wenig den Touristen auf der Strandpromenade zuzuschauen. Doch die meiste Zeit sonnten sie sich oder genossen die Wellen der Nordsee, die mittlerweile gefühlt Whirlpoolwärme aufwies. Arne arbeitete abends als Kellner im Friesenhof, einem der alteingesessenen Juister Hotels. Die Truppe um Thekla, die aus ihr und ihren Freunden Claudia, Tom und Tjark bestand, hatte sich für eine Woche eine Ferienwohnung an der Billstraße gemietet und war am ersten Abend im Friesenhof zum Abendessen gewesen. Er hatte sich ein wenig mit ihnen unterhalten, er war ja nur ein paar Jahre älter als sie, und besonders das rothaarige Mädchen mit dem strahlenden Lachen hatte es ihm angetan. Sie war genau der Typ, den er suchte, das hatte er im Gespür. Dass sie Thekla hieß und zumindest einer der Jungs ständig „Thee" zu ihr sagte, hatte er schnell rausgefunden. Am nächsten Tag waren sie sich im Ort begegnet, und sie hatten ihn gefragt, ob er und weitere Freunde von ihm Lust hätten, mit ihnen zum Strand zu gehen. Natürlich hatte er sich nicht zweimal bitten lassen. Er hatte Emma und zwei von den Jungs Bescheid gesagt, allesamt gute Freunde von ihm, die ebenfalls einen Teil des Sommers auf der Insel verbrachten. Sein Freund Markus hatte reiche Eltern, die ihm den Aufenthalt finanzierten, und die anderen beiden hatten sich ihm angeschlossen. Sie alle kannten sich seit Kindheitstagen aus seiner Heimatstadt Emden, wo sie als Kinder nach der Schule häufig zum Delft runtergelaufen waren, um dort die Schiffe zu bestaunen.

Romanzen mit Gästen waren bei einem Teil der Juister nicht gerne gesehen, doch Thekla wusste, dass Arne sich nicht darum scherte. Er war jung und wollte sein Leben genießen, außerdem war er ja auch nur über den Sommer hier. Dass sie seine Avancen nicht unangenehm fand, gefiel ihm, das spürte sie. Emma schien das allerdings nicht so gut zu finden. Ihr Blick hatte bisweilen etwas fast Feindseliges, wenn sie ihn und Thekla beobachtete. Markus hatte offenbar auch Interesse an ihr, doch sie hielt ihn auf Distanz. Thekla genoss den Flirt, die Sonne und das geschäftige Treiben auf der Insel sehr. Dieser Sommer war definitiv ein guter, dachte sie bei sich, als sie in ihrem hübschen leichten Sommerkleid und mit einem Strahlen im Gesicht auf Arne zuging. Es war sein freier Abend im Friesenhof, und sie wollten ihn zu zweit verbringen. Etwas essen, ein paar Drinks, vielleicht noch in die Schirmbar neben der Strandhalle.

Thekla näherte sich ihm und rief ihm aus einigen Metern Entfernung zu: „Mach die Augen zu, ich habe eine Überraschung für dich!" Arne grinste und schloss die Augen. Wenige Sekunden später trafen ihre Lippen aufeinander und verschmolzen zu einem langen Kuss. Thekla strahlte und spürte, wie sie leicht errötete. „Das wollte ich schon die ganze Zeit tun ..." Sie flüsterte die Worte mehr, als dass sie sie laut aussprach, doch sein Lächeln beruhigte sie. Manchmal schien unter diesem Lächeln ein leichtes Grinsen zu liegen, das sie für einen kurzen Moment irritierte. Doch sie schob diesen Gedanken schnell wieder von sich. Offenbar funkten sie auf einer Wellenlänge, und es würde eine großartige Zeit mit ihnen beiden werden.

Gut gelaunt summte sie eine Melodie. „I've had the time of my life" aus Dirty Dancing, Thekla sang leise einen Teil des Textes vor sich hin, als sie mit Arne die Strandpromenade hochlief: „I never felt like this before, yes, I swear, it's the truth ..." Ein schönes, warmes Gefühl machte sich in ihr breit. So durfte es ruhig weitergehen.

Roland Wiese schaute aus dem Fenster seines Büros in der Ostfriesischen Landschaft in Aurich. Er mochte das altehr-

würdige historische Gebäude, Wiese interessierte sich für Geschichte und für das, was Menschen in vergangenen Zeiten motiviert hatte, das zu tun, was sie taten. Nach dem Abitur hatte er Geschichtswissenschaft studiert und dann das Glück gehabt, direkt den Job als Archivar bei der Landschaft zu bekommen. Der vorherige Stelleninhaber war in Rente gegangen, Wiese hatte sich auf die Anzeige beworben und sein Glück kaum fassen können, direkt nach dem Abschluss seines Studiums diese spannende Stelle antreten zu können. Er liebte es, sich täglich mit Dokumenten und Büchern zur ostfriesischen Geschichte zu befassen, und hatte das beim Bewerbungsgespräch wohl sehr gut deutlich gemacht. Auch wenn er sonst ein ruhiger Zeitgenosse war, hier brannte die Leidenschaft in ihm. Aktuell arbeitete er parallel zur täglichen Arbeit noch an seiner Promotion. Für die meisten Leute wäre das zu viel Stress gewesen, doch er war ganz bei sich, wenn er in die Tiefen der Geschichte abtauchen konnte, und empfand das daher nicht als übermäßige Belastung.

Doch jetzt fühlte er sich ein wenig nervös. Klaus Martens hatte soeben sein Angeberauto auf den Parkplatz vor seinem Fenster gelenkt. Er hatte den Polizisten aus Leer wegen dieser alten Sache kontaktiert, weil er wusste, dass Martens eng mit Thekla zusammengearbeitet hatte und ihm vielleicht nützlich sein konnte. Aber irgendwie mochte er diesen bärbeißigen Typen nicht. Martens hatte keine Manieren und interessierte sich hauptsächlich für Waffen und Autos. Unter normalen Umständen mied Roland Wiese solche Menschen, doch was war in letzter Zeit schon normal gewesen.

„Moin Wiese!" Wie um alles in der Welt war Martens so schnell die Treppe in den zweiten Stock hochgekommen?

Roland Wiese schrak aus seinen Gedanken auf und begrüßte den Polizisten betont förmlich.

„Guten Tag, Herr Martens, schön, dass Sie so schnell kommen konnten."

„Hab nich' verstanden, warum das überhaupt nötig ist, aber mein Mustang braucht ja auch mal Auslauf. Dann schieß mal los, Wiese, was gibt's?"

„M hat Thekla kontaktiert."

„Und das konntest du mir nicht am Telefon erzählen?"

„Ich traue digitaler und fernmündlicher Kommunikation nicht. Da kann alles abgehört werden. Das sollten Sie als Polizist doch am besten wissen."

Da war er wieder. Wiese, der Verschwörungstheoretiker. Martens fühlte sich genervt. „Mehr ist nicht passiert? Hat sie wenigstens geantwortet?"

„Nein, noch nicht … wobei … Moment …" Roland Wiese schaute auf die Mails in seinem Computer. „M schreibt mir gerade: ‚Reaktion da. Will Treffen. Ich nicht. Lasse sie zappeln.'"

Martens rollte mit den Augen. Die machten vielleicht ein großes Ding aus der ganzen Geschichte. Er hatte immer noch nicht so ganz begriffen, worum es eigentlich ging, aber da Siemens ihm diese Beschwerde an den Hals gehängt und ihn vor den Kollegen unmöglich gemacht hatte, hatte er die Anfrage von Wiese, ob er ihnen mit seinen Kenntnissen über die Kollegin helfen konnte, gerne angenommen. Rache ist Blutwurst, dachte er bei sich. Sollte sie doch leiden.

„Haben Sie die Informationen über den Fall P mitgebracht, um die ich Sie gebeten habe?", wollte Roland Wiese wissen.

„Ja, uralter Fall, nie gelöst, sehr merkwürdig. Kommt vor, so was. Cold case nennen die Amis das. Wofür ist das wichtig?" Martens runzelte die Stirn. Besonders viele Informationen, was hier eigentlich vor sich ging, hatte er wirklich nicht.

„Das muss Sie nicht interessieren, Herr Martens ..." Roland Wiese wollte den Mann plötzlich nur noch aus seinem Büro haben. Er nahm die Mappe mit den Ausdrucken entgegen, die Martens mitgebracht hatte. „Ich habe dann noch wirklich viel zu tun heute ... Tut mir leid."

Er begleitete Martens noch zum Ausgang, als befürchtete er, der käme sonst postwendend zurück, und schaute zu, wie der bullige Mann wieder in sein protziges Auto stieg und mit ordentlich Lärm davonfuhr. Er kehrte in sein Büro zurück, öffnete die Mappe, auf der nur „P" stand, und begann zu lesen.

Moin Thee,

danke, dass Du Dir die Zeit genommen hast, auf meine Mail zu antworten. Leider kann ich Deinem Wunsch nach einem persönlichen Treffen zu diesem Zeitpunkt nicht zustimmen. Wir werden weiterhin per Mail kommunizieren, denn ich muss zunächst einmal sicher sein, dass Du Dich auch wirklich auf mein Vorhaben einlässt.

Ich möchte, dass Du in zwei Tagen einen Ausflug unternimmst. Dieser wird Dich nach Lütetsburg führen. Du wirst den Weihnachtsmarkt beim Lütetsburger Schloss besuchen und dort auf weitere Anweisungen warten. Nachdem Du den Eingang passiert hast, hältst Du Dich beim großen Weihnachtsbaum in der Mitte des Marktes auf und achtest auf Deine Nachrichten.

M

Thekla schaute wie gebannt auf ihr Handy. Sie war soeben bei Kathrin eingetroffen, die schon mit einem guten Stück Kuchen vom Café Remmers sowie einer heißen Kanne Ostfriesentee auf sie gewartet hatte. Den Tee gab es bei Kathrin immer ganz klassisch aus den Tassen und der Kanne mit dem Muster der Ostfriesischen Rose. Auch Kluntje und Sahne durften nicht fehlen. Thekla hatte manchmal das Gefühl, Kathrin sei nur deshalb direkt neben das Teemuseum gezogen, weil hier die optimale Atmosphäre für die exakte ostfriesische Teezeremonie herrschte.

Kathrin ließ die Sahne in die Teetassen gleiten, ganz wie das Ritual es erforderte: langsam am Rande mit dem Sahnelöffel hineingießen und dann warten, bis sich das „Wulkje" auf der Oberfläche entwickelte. Sie liebte das und verbot jedem, der bei ihr Tee kredenzt bekam, diesen umzurühren, denn die Zerstörung der Sahnewolke war ein Sakrileg.

„Hey! Seit wann bist du so unhöflich?" Kathrin war irritiert. Thee schaute schon seit mindestens zwei Minuten wie gebannt auf den Bildschirm ihres Telefons.

„Entschuldige bitte ..." Thekla legte das Gerät zur Seite und versuchte, sich zu erinnern, was Kathrin ihr gerade erzählt hatte. Das war gar nicht ihre Art, so unaufmerksam zu sein, aber die neue Mail von M hatte ihre Gedanken sofort in Beschlag genommen. „Ich bin gerade etwas abgelenkt, Kathrin, entschuldige."

„Ein Mann?" Kathrin lächelte. „Ich dachte, du triffst dich noch mit diesem Andy ..."

„Ja, Andy ist aktuell, nein, es geht nicht um einen Mann ..." Thekla war es peinlich, dass Kathrin ihr offensichtlich zutraute, Andy bereits wieder abserviert und sich einem anderen

zugewandt zu haben. Womit hatte sie nur den Eindruck erweckt, das könnte ihrer Natur entsprechen? Mit Andy traf sie sich seit vier Monaten, sie hatten sich tatsächlich über eine dieser Online-Plattformen kennengelernt. Thekla mochte ihn, hielt ihn jedoch gleichzeitig ein wenig auf Distanz, da sie keine allzu enge Bindung wollte. Andy schien das bisher nichts auszumachen, nur neulich war er mal etwas traurig gewesen, weil sie mehrere Tage gar nichts von sich hatte hören lassen. Aber da musste er eben mit klarkommen.

„Was beschäftigt dich dann?" Jetzt war Kathrins Interesse natürlich erst recht geweckt. Sie war so neugierig, dass sie aus Versehen fast den Löffel genommen und ihren Tee umgerührt hätte. Thee verhielt sich wirklich komisch, dachte sie, so kannte sie ihre Freundin gar nicht.

„Hast du Lust, übermorgen mit mir nach Lütetsburg auf den Weihnachtsmarkt zu gehen? Da waren wir schon lange nicht mehr, obwohl der doch immer so schön ist." Thekla schaute Kathrin fragend an.

„Klar, das machen wir!" Kathrin freute sich, sie verbrachte gerne Zeit mit ihrer Freundin, und ein Besuch auf dem Markt beim Lütetsburger Schloss war ganz sicher ein Highlight des Wochenendes.

3. KAPITEL

Im Schatten von Lili Marleen

Mittlerweile waren sie in der Strandhalle gelandet und hatten sich einen Tisch am Rand der Außenterrasse gesichert, von dem man einen großartigen Blick auf den Strand und die Nordsee hatte. Arne Petersen schaute Thekla an. „Wieso hängst du eigentlich mit diesen Langweilern ab? Die sind doch gar nicht deine Kragenweite." Er grinste. „Du solltest mehr Zeit mit mir verbringen."

Thekla runzelte die Stirn. Sie mochte den gut aussehenden und selbstsicheren Kellner, aber musste er deshalb gleich ihre Freunde beleidigen?

„Mach mal halblang, du kennst sie doch gar nicht. Und außerdem sitze ich ja schließlich mit dir hier, oder nicht?"

Arne Petersen entging der leicht irritierte Unterton in Theklas Stimme nicht, und er ruderte etwas zurück: „'tschuldige, wollt' ja nur so'n büschen Werbung für mich machen."

Thekla schmunzelte. „Das übst du besser noch mal. Aber ich will mal nicht so sein. Was machen wir denn heute noch Schönes?"

Er stimmte zur Antwort Rudi Carrells beliebtes Lied an und summte leise: „Lass dich überraschen, schnell kann es geschehen ..."

Weiter unten im Dorf saß Emma mit ihren Freunden und machte ein Gesicht wie zehn Tage Regenwetter, obgleich die Sonne weiterhin vom Himmel brannte. Sie verdrehte ihre Augen. „Was Arne sich einbildet ... Die ganze Zeit scharwenzelt der um diese Thee rum. Der hat schon vergessen, dass er eigentlich mit uns hier ist. Wir wollten doch gemeinsam eine schöne Zeit verbringen, wenn er nicht gerade arbeiten muss."

Markus grinste. „Du bist doch bloß eifersüchtig. Willst wohl selbst mal wieder mit dem Arne ein Schäferstündchen verbringen."

Emma sah ihn wütend an und war kurz davor, ihre soeben erworbene Juist-Tasse nach ihm zu werfen. „So'n Quatsch! Ich und Arne ... Lange her und vorbei. War dein letztes Bier schlecht?!"

Markus lachte, sagte aber nichts mehr. Er war zum Feiern und Entspannen hier, nicht um sich einen Zickenkrieg anzutun. Er schaute seinen Freund an und sagte: „Noch ein Bierchen?"

Thekla entspannte sich so langsam. Sie war mit Kathrin einfach losgefahren Richtung Küste. Norddeich war ihnen zu nah dran gewesen, so fuhren sie an der Küstenlinie entlang Richtung Osten, machten halt in Dornum beim Schloss, wo ebenfalls jedes Jahr ein schöner Weihnachtsmarkt stattfand, und schauten kurz beim Steinhaus in Nesse vorbei, um dem Besitzer Hallo zu sagen, den Thekla schon lange kannte. Nachdem sie dort noch einen Kaffee getrunken hatten, nahmen sie die Landstraße Richtung Esens, um hier in südliche Richtung abzudrehen und den Hafen von Bensersiel anzusteuern. Die nächste Fähre nach Langeoog würde in einer halben Stunde abfahren, und sie hatten sich entschieden, den Rest des Tages dort ausklingen zu lassen. Zu dieser Jahreszeit war die Insel nicht so überlaufen wie in den Ferien und an den Feiertagen, doch ein paar Lokale würden geöffnet haben, und außerdem konnten sie sich bei einem langen Strandspaziergang den Wind um die Nase wehen lassen und über Gott und die Welt reden.

Im Auto hatte Thekla die ganze Zeit überlegt, ob sie Kathrin von den mysteriösen Mails erzählen sollte. Das würde sie spontan entscheiden, dachte sie dann irgendwann, vielleicht bei einem Glas Bier nach dem Strand in der Inselbrauerei. Die lag praktischerweise auf dem Weg zum Hafen, sodass man dort vor der Rückfahrt noch gut Station machen konnte, um etwas von dem leckeren selbst gebrauten Bier zu probieren, das sie dort anboten. Doch schon am Hafen merkte sie, wie das Thema in ihr arbeitete, und sie entschloss sich, auf der Fähre eine ruhige Ecke zu suchen und Kathrin alles zu berichten.

Gesagt, getan. Die Fähre war aufgrund der Jahreszeit nur mäßig besetzt, hauptsächlich bestanden die Fahrgäste aus In-

sulanern, die auf dem Festland zu tun gehabt hatten und nun zurück nach Langeoog fuhren. Thekla sah ein paar bekannte Gesichter, die Inhaber der Meierei zum Beispiel, eines traditionsreichen Cafés auf der Insel, das fast jeder besuchte, der einen Ausflug zum Ostende mit seiner Osterhook genannten Plattform unternahm, von der aus man Seehunde und Kegelrobben sowie diverse Vögel beobachten konnte.

Sie schaute nach einem Tisch in der Ecke des Gastraums der Fähre, etwas abseits von anderen Menschen, denn was sie zu erzählen hatte, sollte ja nun nicht unbedingt jeder mitbekommen. „Dor achtern, in't Ecke, wat meenst?"

Kathrin schaute ihre Freundin mit einem leicht irritierten Lächeln an. Ins Plattdeutsche verfiel Thekla selten, und wenn, dann nur, wenn sie sehr nervös war. Aber es machte ihr nichts aus, sie mochte die Sprache und hatte noch nie verstanden, warum so viele sich scheuen, auch heute noch Platt zu sprechen. „So maak wi dat!", antwortete sie mit einem Grinsen, und die beiden Frauen setzten sich an den Ecktisch.

Nachdem sie Getränke bestellt hatten, begann Thekla zu erzählen, und Kathrins Augen wurden größer und größer. Als Thekla fertig war, schwieg Kathrin einen langen Moment und sagte dann: „Ich helfe dir, rauszufinden, wer das Phantom ist und worum es geht. Wär' doch gelacht, wenn wir beide diesen Spinner nicht dingfest machen könnten!"

Thekla lächelte dankbar. Darauf hatte sie gehofft. Geteilte Last war halbe Last, dachte sie, und außerdem hatte Kathrin, da sie nicht persönlich betroffen war, vielleicht noch Ideen, die ihr im Moment gar nicht in den Sinn kamen, weil sie sich ein wenig blockiert fühlte. Als Polizistin sollte sie eigentlich wissen, was man in so einem Fall unternahm, aber sie wollte auf der Dienststelle auch kein Aufsehen mit ihren Privatangelegenheiten erregen. Vielleicht ließ sich das Ganze ja mit Kathrins Hilfe aus der Welt schaffen.

Beide tranken schweigend ihr Getränk aus, bis Kathrin sagte: „Komm, wir gehen an Deck und lassen uns den kalten Wind um die Nase wehen. Das hilft bestimmt beim Denken!"

Noch keine Antwort. M schaute nervös auf das Handy. War Thee die Sache nicht wichtig genug? Oder versuchte sie, auf Zeit zu spielen, um M zu provozieren, doch noch einem schnellen Treffen zuzustimmen? Die Kaffeemaschine lief schon wieder, M würde noch einen Koffeinschock bekommen, wenn das so weiterging. Als der Plan, Thee zu kontaktieren und die alten Sachen wieder hochzuholen, gereift war, konnte man ja nicht wissen, wie nervenzerfetzend allein schon das Warten auf die Antwort sein konnte. M hatte die eigene Psyche stärker eingeschätzt, aber die Sache war wohl doch so wichtig, dass die Nerven ein wenig blank lagen.

Das Symbol für neue Mails auf dem Laptop lenkte Ms Aufmerksamkeit auf das Gerät. Roland. M wollte sich nicht selbst um jeden Handschlag kümmern, also wurde Roland auserkoren, den Kontakt zu dem Polizisten herzustellen, weil er sehr genau wusste, worum es hier ging, und auch sein Scherflein zum Erfolg beitragen sollte. Er kommunizierte nur äußerst ungern, da er immer unter der Angst litt, dass irgendjemand mitlas oder -hörte, also musste es etwas Wichtiges sein. Vielleicht hatte er bei dem Polizisten, den M sich als Verstärkung auserkoren hatte, etwas erreicht. Das hatte ihn ganz schön Überwindung gekostet, denn der Mann schien ein ausgemachtes Ekelpaket zu sein. Aber der Zweck heiligt eben am

Ende doch die Mittel, dachte M. Sie mussten versuchen, diese Sache durchzuziehen.

M öffnete die Mail und las sich mit immer größer werdenden Augen durch die von Roland abfotografierten Dokumente, die er der Mail angehängt hatte. Martens hatte offenbar geliefert und Roland eine Akte zugeschanzt, in der eine Menge Dinge über die alten Ereignisse stand. Eine Menge Dinge, die auch M zum ersten Mal las und die für die weitere Kommunikation mit Thee noch sehr wichtig werden konnten. Wenn sie doch nur endlich mal von sich hören lassen würde. Immer noch keine Antwort. Aber gut, dann war eben Zeit, sich zu überlegen, was die neuen Informationen wert waren. M verordnete sich handyfreie Zeit für die nächsten Stunden und widmete sich ganz den Fakten aus Rolands Mail.

Ein riesiger Kaffeefleck. Mitten auf den Unterlagen, die seine Kollegin für ihre Präsentation nächste Woche brauchte, um Fördermittel für ein neues Kulturprojekt der Landschaft einzuwerben. Sie hatte ihn um Hilfe gebeten, denn niemand war so versiert darin, eine Dokumentation zu erstellen, mit der man Geldgeber überzeugen konnte. Nur selbst präsentieren, das war nicht Roland Wieses Ding, und so arbeitete er lieber seiner Kollegin Sonja zu, die ein selbstsicheres Auftreten und sowieso ein sehr gewinnendes Wesen hatte. So gewinnend, dass es auch auf Roland seine Wirkung nicht verfehlte. Zu Hause stellte er sich manchmal vor, wie er sie zum Essen einlud und sie sich näherkommen würden. Natürlich würde er sich das niemals trauen, schon früher hatten ihn seine Freunde wegen seiner Schüchternheit aufgezogen. Erst recht in diesem Sommer auf Juist. Damals, als Dinge passiert waren, die Roland eigentlich immer noch nicht begreifen konnte. Dieser Urlaub war das Ende ihrer Clique gewesen und für ihn gleichbedeutend mit einem Rückzug in die Einsamkeit. Neue Freunde zu finden, war schwierig, und mit der Zeit, so fürchtete er manchmal selbst, würde er wohl wunderlich werden. Vielleicht hatte er sich auch deshalb darauf eingelassen, M zu helfen, um ein wenig aus seiner Einsamkeit herauszufinden.

Er starrte auf den Fleck. Verdammt! Diese ganze M- und-Thee-Geschichte mitsamt dem ungehobelten Polizisten machte ihn so fahrig, dass ihm die Kaffeetasse mit dem tollen Baltrum-Motiv darauf fast aus der Hand gefallen wäre, als er nach dem Absenden der Mail an M einen Schluck nehmen wollte. Die Tasse war das einzige Geschenk, das Sonja ihm mal als Dank für seine Hilfe gemacht hatte, und er hielt sie sehr in Ehren. Er lächelte ein wenig. Sie hatte sogar gewusst, dass Baltrum seine Lieblingsinsel war. Vielleicht gab es ja doch irgendwann eine Chance für sie beide. Neue Mails rissen ihn aus seinen Tagträumen von langen Strandspaziergängen auf Baltrum mit seiner Sonja. Zwei dienstliche Mails, die warten konnten. Und eine Antwort von M:

Wahnsinn, Roland! Was da alles drinsteht! Verrückt, dass der Fall nie gelöst wurde, Hinweise gibt es doch genug! Gut, dass Du Martens aktiviert hast, lass ihn ein unangenehmer Typ sein, er ist uns doch von Nutzen, wie Du siehst! Ich lese das alles jetzt noch mal. Und dann noch mal. Leider noch keine Antwort von Thee.

Roland musste ein wenig schmunzeln. Genau die Reaktion hatte er erwartet. Die Akte war wirklich spannend. Mal se-

hen, wie sich die Dinge nun entwickelten. Mit einem Seufzen wischte er den Kaffeefleck weg und druckte die Unterlagen neu aus, um die Mappe für Sonja fertigzustellen. Gleichzeitig wanderten seine Gedanken wieder an den Strand von Baltrum. Sonne. Wind. Unendliche Weite. Hach.

Sonne. Wind. Unendliche Weite. Hach! Thekla und Kathrin wanderten am Langeooger Strand durch den vom Wind gleichmäßig dahinziehenden Sand, immer entlang des Wassersaums. Für November war es heute ein schöner, klarer Tag, kalt zwar, aber mit einem blauen Himmel, der die beeindruckende Weite über der Nordsee ins Unendliche zu verlängern schien. Die beiden Frauen fühlten sich frei, und von Thekla fiel die Last des Alltags ab. Sogar die seltsamen Mails von M waren für einen Moment aus ihrem Kopf verschwunden.

Als es ihnen langsam doch zu kalt wurde, schlug Thekla ein kleines Wettrennen vor. „Wer zuerst wieder im Dorf bei der Lale-Andersen-Statue ist, bekommt von der anderen einen heißen Grog ausgegeben!", rief sie Kathrin zu und begann zu laufen. Als Polizistin achtete sie auf ihre Sportlichkeit, und so wusste sie, dass das erste Getränk gleich auf Kosten ihrer Freundin gehen würde.

Kathrin lief mit einem Lächeln in leichtem Trab hinter Thekla her. Die war ohnehin schneller auf den Beinen als sie, und Kathrin freute sich, dass die spürbare Anspannung einen Moment von Thee abgefallen war. Sie hatte gemerkt, wie die Gedanken in Thees Kopf rotierten, und auch sie selbst war mittlerweile innerlich schon auf der Jagd nach M, dem E-Mail-Phantom.

Als Kathrin den Weg vom Strand zurückgelegt hatte, sah sie ihre Freundin in der Nähe der bronzenen Lale Andersen auf einer Bank sitzen und auf ihr Handy starren. Na, das hat ja nicht lange angehalten mit der Entspannung, dachte Kathrin, schade eigentlich. Sie schaute auf die Statue der bekannten Sängerin, die sich einst nach Langeoog zurückgezogen hatte, um unter dem Radar der Nationalsozialisten zu bleiben, die ihr trotz ihres weltumspannenden Hits „Lili Marleen" nicht gewogen waren. Oder vielleicht auch gerade wegen dieses Liedes, dachte Kathrin, denn es drückte ja eher die Sehnsucht aus, dass der Soldat aus dem Krieg zu seinem Mädchen zurückkam, anstatt in sinnlosen Eroberungsfeldzügen zu sterben.

Sie summte ein paar Takte des Liedes vor sich hin, als sie zu Thekla an die Bank trat: „Bei der Kaserne / Vor dem großen Tor / Steht 'ne Laterne / Und steht sie noch davor ..."

Thekla schaute hoch und grinste sie an. „Du kannst nicht an Lale und der Laterne vorbeigehen, ohne das zu summen, oder? Das machst du jedes Mal, wenn wir hier sind. Ach ja: Schön, dass du auch endlich kommst ..."

Sie lachten beide und machten sich auf den Weg zum Dwarslooper, wo sie einen heißen Grog trinken wollten, um sich nach dem Spaziergang aufzuwärmen.

Als sie die Kneipe betraten, in der zu dieser Jahreszeit nur ein paar Insulaner und zwei versprengte Touristen saßen, wurden sie vom Wirt mit Namen begrüßt. In all den Jahren waren sie immer wieder hier gewesen, auch außerhalb der Saison, da gehörte man schon so ein wenig dazu, auch wenn das bei den Insulanern eine knifflige Sache war. Bis man hier nicht mehr ausschließlich als Tourist gesehen wurde, musste man schon eine ganze Weile den harten Panzer der Einheimischen bearbeiten.

„Twee Grog, dee Damen?" Ole, der Wirt, freute sich, wenn Kathrin und Thekla seinen Laden aufsuchten. Die beiden waren nett und meistens auch zu einem kleinen Plausch aufgelegt, was Ole außerhalb der Saison ganz angenehm fand, denn viel passierte auf der Insel im November nun wirklich nicht.

Heute allerdings merkte er sofort, dass er auf den Smalltalk über die neuesten Langeoog-Gerüchte und die Geschichten vom Festland verzichten musste. Die beiden Frauen hatten offenbar dringende Sachen zu bereden.

„Jo, Ole, bring uns man twee Grog. Wi hebben so'n büschen wat to beproten." Thekla sprach nicht unbedingt fließend und deshalb auch nur selten Plattdeutsch, doch „für den Hausgebrauch", wie sie zu sagen pflegte, reichte es. Und manchmal war es in Ostfriesland auch wie eine Eintrittskarte, um auf dem Dorf – und nichts anderes waren die Inseln ja – akzeptiert zu werden.

Ole verschwand hinterm Tresen, um die Getränke klarzumachen, und Kathrin sah Thekla an. „Ich spüre, wie dich das beschäftigt. Was meinst du, wollen wir zusammen eine Antwort formulieren?"

Ihre Freundin strahlte. „Gerne! Ich bin so nervös, dass ich eine richtige Denkblockade habe."

Nach kurzer Zeit hatten sie, befeuert durch den recht starken Grog, eine Antwort verfasst. Wie sollte man M bloß aus der Reserve locken, um zu erfahren, wer hinter diesem perfiden Spiel steckte? Thekla konnte sich doch nicht weiter an der Nase herumführen lassen.

Ihr Finger zitterte erneut über der „Absenden"-Schaltfläche. Sie las den Text noch mal:

Hallo M,

o.k. wir spielen das Spiel zunächst mal nach Deinen Spielregeln, denn ja, Du hast natürlich recht, dass ich neugierig bin, worum es hier geht. Ich werde also übermorgen in Lütetsburg auf dem Weihnachtsmarkt sein und dort auf Deine Nachricht warten.

Es wäre trotzdem schön, einen Hinweis zu bekommen, um was es denn überhaupt geht. Ich kann mich nicht erinnern, irgendwelche offenen Rechnungen aus der Vergangenheit zu haben, und empfinde Deine Nachrichten ein wenig als Psychoterror. Womit habe ich das verdient?

Sehen wir uns denn in Lütetsburg persönlich?
Thee

4. KAPITEL

Wo ist Arne?

Thekla blinzelte. Durch einen Spalt im Vorhang ihres Zimmers in der Ferienwohnung, das sie zusammen mit einer Freundin bewohnte, fiel Sonnenlicht und traf genau auf ihr Gesicht. Sie schloss die Augen für einen Moment wieder und überlegte. Was war gestern noch passiert? Wie war sie nach Hause gekommen?

Sie schaute auf die andere Seite des Raums. Das Bett war leer, Claudia, ihre Freundin, offenbar schon aufgestanden. Kein Wunder, wie ein Blick auf die Uhr ihr verriet. Kurz nach zwölf schon, vermutlich waren alle längst wieder am Strand oder saßen am Kurplatz und lauschten dem Kurorchester oder

tranken irgendwo einen Kaffee oder das erste Bierchen des Tages.

Sie versuchte aufzustehen, allerdings dröhnte ihr Kopf, als wenn jemand mit einer Bohrmaschine darin arbeiten würde. Was war passiert? Arne und sie hatten in der Strandhalle gesessen, den Blick aufs Meer genossen und sich gut unterhalten. Danach waren sie, von ein paar Cocktails schon recht lustig, nach nebenan zur Schirmbar gegangen, die zu später Stunde ein Treffpunkt für die Juister Partygänger war. Sie hatten getanzt, weiter getrunken und dann …

Thekla runzelte die Stirn und dachte angestrengt nach, was aufgrund ihres Zustands gar nicht so einfach war. Wo waren sie dann hin? Arne hatte vorgeschlagen, noch mal zum Strand zu gehen, weil es dort in der Nacht so romantisch sei. Sie erinnerte sich leicht, dass sie wohl wirklich die Schirmbar verlassen und sich auf den Weg gemacht hatten. Doch der Rest der Nacht lag in tiefem Dunkel.

Ein Filmriss. Blackout. Verdammt. Thekla wusste, dass sie bisweilen dem Alkohol etwas zu gut zusprach, schon auf der Schule, dem altehrwürdigen Ulricianum in Aurich, war sie bekannt dafür gewesen, bei den Partys des Abijahrgangs immer zu den letzten Gästen zu gehören und erst in den frühen Morgenstunden nach Hause zu gehen. Offenbar war ihr das gestern wieder passiert. Sie untersuchte ihren Körper auf eventuelle Verletzungen, konnte aber nichts feststellen. Ihre Klamotten von gestern hatten ein paar dunkle Flecken, also zog sie sich frische Sachen an.

Nach einer ausgiebigen Dusche und ein paar Schlucken von dem restlichen Kaffee, den Claudia in der Kanne gelassen hatte und der mittlerweile schon arg abgekühlt war, machte sie sich mit dem Leihfahrrad über die Billstraße entlang des Deichs auf den Weg ins Dorf und steuerte den Kurplatz an. Sie würde ihre Freunde suchen. Vielleicht konnten die ihr sagen, was gestern noch so gewesen war, auch wenn das mal wieder peinlich werden konnte. Egal, dachte sie und grinste. Man war doch nur einmal jung. Und wen würde es später interessieren, wer man früher war.

Samstagmorgen. Thekla hatte gerade ihre Morgeneinkäufe auf dem Leeraner Wochenmarkt hinter sich gebracht und saß wieder mal in der Kaffeerösterei, um sich dort bei einem heißen Cappuccino aufzuwärmen. Alicia, die Servicekraft, die hier mit einigen anderen netten Kolleginnen und Kollegen den Laden am Laufen hielt, stellte ihr das Getränk hin und fragte sie, warum sie in letzter Zeit immer so wortkarg und in sich versunken sei. Sonst plauderten die beiden gerne mal über dies und das. Thekla entschuldigte sich, tatsächlich beschäftigte sie die M-Geschichte so sehr, dass sie fast rund um die Uhr daran dachte. „Sorry, Alicia, ist nicht böse gemeint. Mir geht nur einiges im Kopf rum, das ich noch nicht ganz klar kriege ..." Ihre restlichen Worte gingen im Wortwirrwarr einer Gruppe unter, die gerade den Laden betrat und offenbar zu der größeren Kaffeerunde gehörte, die sich jeden Samstagvormittag hier bei Baum traf.

Thekla schaute den fünf Leuten, die nach hinten in den zweiten Gastraum der Rösterei verschwanden, hinterher. Ob von denen wohl auch jemand solche Dinge erlebte wie sie gerade? Oder ob da alles in geregelten Bahnen lief? Unter der Woche ein Nine-to-five-Job mit gutem Einkommen, am Samstag die Kaffeerunde und am Sonntag ein Ausflug mit den

Kindern. Warum sah ihr Leben nicht so aus? Lag ein Fluch über ihr, der etwas mit den mysteriösen Mails zu tun hatte? An welcher Stelle ihres Lebens war sie falsch abgebogen, und warum schien sie das jetzt wieder einzuholen?

„Dein Cappuccino wird kalt, Siemens!" Martens, herrje, schon wieder der alte Stinkstiefel. Was der nur immer hier zu suchen hatte, irgendwie passte er gar nicht in die Rösterei. Zum Glück schien er heute nicht zu weiterem Smalltalk aufgelegt und verschwand mit suchendem Blick ebenfalls in Richtung des hinteren Raums, nur um kurze Zeit später wieder zurückzukehren und ohne ein weiteres Wort den Laden zu verlassen. Merkwürdig, normalerweise ließ er keine Gelegenheit aus, um sie zu nerven, doch heute schien er auf der Suche nach etwas zu sein. Oder nach jemandem.

Thekla verspürte einen kurzen Impuls, ihm zu folgen und herauszufinden, was oder wen er so dringend suchte, doch dann wanderten ihre Gedanken wieder zum späteren Nachmittag, wo sie sich mit Kathrin in Lütetsburg auf dem Weihnachtsmarkt treffen würde.

Leider gab es auch in diesem Jahr wieder keinen Schnee bei ihrem Lütetsburg-Besuch. Thekla wünschte sich das jedes Mal, um den stimmungsvollen Markt beim Schloss der gräflichen Familie zu Knyphausen in weihnachtliches Weiß getaucht zu sehen. Doch der Wettergott hatte kein Einsehen mit ihren romantischen Anwandlungen.

Romantisch war ihr allerdings im Moment ohnehin nicht zumute, sie war von Nervosität ergriffen und nur froh, dass Kathrin an ihrer Seite war. Nachdem Thekla noch eine Weile bei Baum gesessen und das bunte Treiben in der vorweih-

nachtlichen Leeraner Innenstadt beobachtet hatte, war sie direkt nach Norden gefahren, um noch eine kleine Pause zu haben, bevor sie sich auf den Weg zum Markt machen würden.

Gegen vier Uhr am Nachmittag waren sie dann aufgebrochen, ein kurzer Weg nur von Norden nach Lütetsburg, und ganz langsam fing es ja auch schon zu dämmern an. Wenn es dunkel wurde, entfaltete der Weihnachtsmarkt erst seine richtige Wirkung, der große Baum in der Mitte des Platzes leuchtete weithin, die Buden ringsum, in denen es Glühwein, leckere Dinge zu essen und weihnachtlichen Schmuck zu kaufen gab, waren hell erleuchtet, und am Rande überstrahlte die Illumination des Schlosses und der Bäume die ganze Szenerie.

Der Baum in der Mitte. Hier sollte sie warten, hatte M geschrieben. Kathrin beobachtete, wie ihre Freundin immer nervöser auf das Display ihres Smartphones starrte und überhaupt keinen Blick für die Schönheit des Marktes hatte. Sie legte ihr den Arm auf die Schulter. „Bleib ruhig, alles wird gut, ganz bestimmt! Komm, wir holen uns einen weißen Glühwein zur Stärkung, das ist nie verkehrt!"

Dafür liebte sie Kathrin, sie war meistens die Ruhe selbst und schaffte es auch, andere in den entscheidenden Momenten zu beruhigen. Thekla löste ihren Blick vom Display und ging ein paar Schritte zur Glühweinbude hinüber, immer so, dass sie den Baum im Blick behalten und jederzeit wieder dort hinüberwechseln konnte.

„Das tut gut, oder?" Kathrin lächelte und wollte gerade zu einem Vortrag über die Vorzüge weißen Glühweins gegenüber rotem ansetzen, als Theklas Handy sich meldete. „Bing!" Thekla fiel fast das Glas aus der Hand, und auch Kathrin war die Aufregung nun ein wenig anzusehen.

Der E-Mail-Button zeigte oben rechts eine kleine rote „1". Das musste die Nachricht von M sein, Thekla spürte, wie sie am ganzen Körper zitterte, und traute sich kaum, auf das kleine Icon auf ihrem Handy zu tippen, tat es aber dann doch.

Moin Thee, schmeckt der Glühwein? Eigentlich solltest Du Dich ja nicht vom Baum wegbewegen, aber da ich Dich trotzdem gesehen habe, will ich mal nicht so sein.

Thekla unterbrach die Lektüre der Nachricht, weil sie erst jetzt so richtig realisierte, dass M ganz in der Nähe sein musste. Er beobachtete Thekla und Kathrin, wie sonst sollte M wissen, dass sie sich gerade ein paar Meter vom Baum wegbewegt hatten und sich einen Glühwein gönnten. Oder gab es Spione, die direkt berichteten? Thekla fröstelte trotz des wärmenden Glühweins. Was lief hier eigentlich? Wer quälte sie mit diesem dubiosen Spiel? Und wieso fand sie keine Möglichkeit, dieses Spiel zu ihren Gunsten zu drehen und M ausfindig zu machen? Sie schaute wieder auf ihr Handy und las weiter:

Es hat einen Grund, warum Du heute hier sein sollst. Dies ist ein Ort, an den Du nicht nur gute Erinnerungen hast, habe ich recht? Oder hast Du verdrängt, wer Du früher warst? Wie Du sicher verstanden hast, weiß ich, wo Du Dich aufhältst und mit wem Du zusammen bist. Ich beobachte Dich und werde entscheiden, wann Du so weit bist, für Deine Sünden zu bezahlen. Und wie hoch der Preis sein wird. M

Sämtliche Farbe war aus Theklas Gesicht gewichen, und kein Glühwein der Welt hätte sie jetzt noch aufwärmen können. Sie schaute Kathrin an, die ein fragendes Gesicht machte, und reichte ihr wortlos das Handy mit der immer noch geöffneten Nachricht. Kathrin runzelte die Stirn bei der Lektüre und sagte: „Da will dir doch einfach jemand Angst machen. Willst du nicht zur Polizei gehen und Anzeige erstatten?"

Thekla sah ihre Freundin ungläubig an. „Zur Polizei? Dein Ernst? Ich weiß, wie da häufig genug gearbeitet wird, ich werde das sicher nicht den Kollegen überlassen! Ich finde das schon selbst heraus!" Thekla spürte leichten Ärger in sich aufkeimen. Traute Kathrin ihr etwa nicht zu, mit der Sache fertigzuwerden? Machte sie einen so verzweifelten Eindruck?

Sie versuchte, entschlossener zu wirken, und schaute sich auf dem Weihnachtsmarkt um, als wenn M ihr dann direkt in die Arme laufen würde. Mittlerweile war es noch etwas dunkler geworden, und das Gelände hatte sich ganz gut gefüllt. Eine gute Idee, die Aktion hier durchzuziehen, dachte Thekla. Der Markt war mit seinen vielen kleinen Ständen in Zelten, Gebäuden und auf dem Freigelände sehr unübersichtlich, sodass es wohl unmöglich sein würde, dort jemanden wie M ausfindig zu machen. Wer auch immer M war.

Sie nahm ihr Handy und antwortete auf die Nachricht:

Ich bin hier, das ist es doch, was Du wolltest. Dein Verhalten scheint mir allerdings ziemlich feige. Wenn Du ein Problem mit mir hast, sollten wir das von Angesicht zu Angesicht klären. Auf Deine unterschwelligen Drohungen falle ich jedenfalls nicht rein. Was für Sünden sollten das sein? Ich habe ein gutes Gewissen!

Sie hatte ziemlich schnell getippt und drückte dieses Mal, ohne zu zögern oder den Text Kathrin noch einmal zu zeigen, auf „Senden". Bing! Die Antwort kam postwendend:

Gutes Gewissen? Offenbar bist Du eine Verdrängungskünstlerin! Na ja, sehen wir weiter. Du wirst jetzt in das von Dir aus gesehen linke Zelt gehen. Im hinteren Bereich ist ein Stand mit hochwertigen und teuren Lebensmitteln, Brotaufstriche und Ähnliches. Geh dorthin und frag die Händlerin am Stand, ob Du mit ihrem Sohn sprechen kannst. Es geht um eine Frage zu den Inseln.

Thekla schaute ratlos auf ihr Handy. Was war das jetzt wieder für eine seltsame Idee? Wieso sollte sie wildfremde Menschen nach ihrem Sohn fragen, den sie doch gar nicht kennen konnte?

Kathrin las die Nachricht auch und sagte: „Was hast du zu verlieren? Lass uns den Stand suchen, fragen und schauen, was passiert. Vielleicht springt M dann plötzlich hinter einem Vorhang hervor, und der ganze Spuk ist vorbei."

Thekla überlegte einen kurzen Moment und marschierte dann so wild entschlossen los, dass Kathrin sich regelrecht erschreckte. Wo kam das nun wieder her? Thee wirkte, als wenn sie nun gezielt Ärger suchte. Das konnte ja heiter werden. Kathrin beeilte sich, ihrer Freundin zu folgen.

Ein Montag, der kein Ende nahm. Roland Wiese beschloss, kurzfristig bereits mittags seine Sachen im Büro der Ostfriesischen Landschaft zusammenzupacken und einen halben Tag Überstundenausgleich zu nehmen. Seine Vorgesetzten waren da kulant, sie wussten durchaus, was sie an dem gewissenhaften Archivar hatten, und ließen ihm seine Freiheiten.

Er war nervös wegen dieser ganzen Geschichte und hatte sich entschlossen, während des Nachmittags eine kleine Tour zu unternehmen, um auf andere Gedanken zu kommen. Manchmal, wenn ihn etwas besonders stresste, machte er das, um den Kopf frei zu bekommen und wieder klar denken zu können. Dieses ganze Szenario, das M sich ausgedacht hatte, begann ihm jetzt schon über den Kopf zu wachsen, sodass er solch eine Tour dringend brauchte.

Roland hatte sich entschlossen, nach Emden zu fahren und mal wieder dem Otto-Huus einen Besuch abzustatten. Er war sich bewusst, dass niemand von ihm, dem staubtrockenen Archivar und Langweiler, erwartete, mit dem ostfriesischen Starkomiker etwas anfangen zu können, doch es war anders. Ottos leicht subversiver Humor hatte ihn schon immer begeistert. Im Otto-Huus war er schon oft gewesen, die dort ausgestellten Requisiten ließen ihn jedes Mal wieder schmunzeln und an die Filme und Shows denken, die Otto der Welt geschenkt hatte. Wiese sah das jedenfalls als Geschenk, kein Vergleich zu dem, was sich heutzutage so Komiker schimpfte und in Wirklichkeit nur Peinlichkeiten auf die Bühne brachte.

Er fuhr mit dem Rad und beschloss, die Strecke über Ihlow zu wählen und der dortigen Klosterstätte einen kurzen Besuch abzustatten, um einen Moment innezuhalten und sich zu sammeln. Fahrrad fahren, die Stille im Kloster und dann in die Welt Ottos eintauchen, das würde ihn erden und entspannen.

Eine halbe Stunde brauchte er mit dem Fahrrad von Aurich nach Ihlow, die Luft war schneidend kalt, und der Wind trieb ihm die Tränen in die Augen. Doch er genoss die Fahrt, er be-

saß zwar ein kleines japanisches Auto, benutzte es jedoch nur, wenn es gar nicht anders ging. Auf dem Fahrrad fühlte er sich der Natur näher, wenn er, so wie jetzt, durch die weite ostfriesische Landschaft fuhr. Vom Kloster bis nach Emden würde er dann noch mal eine gute Stunde unterwegs sein, das sollte reichen, um die Gedanken an die Bestrafungsaktion zu verdrängen, die sie so lange geplant hatten, weil es ihnen einfach logisch erschien, Thekla nicht mit dem davonkommen zu lassen, was damals passiert war.

Was damals passiert war. Roland dachte darüber nach, als er von der Kirchdorfer Straße, auf der er aus Aurich hinausgeradelt war, in den Münkeweg einbog, der direkt zur Klosterstätte führte. Er fuhr die letzten Meter bis zu dem beeindruckenden Nachbau des alten Klosters in Form eines Gerippes, stellte das Fahrrad ab, setzte sich auf eine Bank und genoss die Stille, die dieser Ort selbst dann vermittelte, wenn andere Menschen um einen herum waren. Jetzt allerdings, um diese Tageszeit und Ende November, war Roland Wiese allein.

Die Ereignisse jenes Sommers hatten vieles zerstört, dachte er. Bis dahin war immer alles unbeschwert gewesen, sie hatten gemeinsam Urlaub gemacht, gefeiert und viel Spaß gehabt. Er selbst war zwar immer schon der Ruhigste gewesen, doch er konnte durchaus auch feiern damals. Bis zu jenem Ereignis, das ihn immer noch erschaudern ließ, auch wenn es letztendlich mehr die Vorstellung davon war, was passiert war, die dieses Gefühl hervorrief. Auf jeden Fall war das Leben danach ein anderes gewesen, alle hatten sich verändert.

Er verdrängte die aufkommenden Gedanken, spazierte noch ein wenig um die Klosterstätte herum und machte sich dann für die zweite Etappe nach Emden auf den Weg. Die Luft war immer noch klar und kalt, und er sog sie scharf ein, als er Tempo aufnahm. Es gab nichts Besseres, um Stress abzubauen. Er freute sich auf Emden und beschloss, nach dem Otto-Huus ins nahe gelegene Restaurant Casto's zu gehen, das zum Besten gehörte, was die italienische Küche in Ostfriesland zu bieten hatte. Vom Otto-Huus waren es nur ein paar Schritte bis zum großen Hotel am Delft, welches das Casto's beherbergte.

Thee hatte ihre Freunde ausfindig gemacht. Sie saßen tatsächlich am Kurplatz auf dem Rasen und unterhielten sich sehr angeregt. Sie stellte ihr Fahrrad am Rande der Straße ab, wie es hier auf Juist viele machten, denn Autos gab es nicht, und solange die Pferdefuhrwerke noch durchkamen, regte sich niemand über die geparkten Räder auf. Sie schlenderte bewusst lockeren Schrittes auf die anderen zu, denn schließlich sollte ihr niemand anmerken, dass der Kater vom gestrigen Abend sie noch ordentlich quälte.

Je näher sie der Gruppe kam, desto merkwürdiger wurde ihr zumute. Hatten die drei zuvor noch rege diskutiert, so verstummten sie mit jedem Schritt, den Thee sich ihnen näherte, ein wenig mehr. Als sie schließlich direkt vor der Gruppe stand und sie mit einem allzu fröhlich klingenden „Da seid ihr ja!" begrüßte, schaute Tom sie ernst an und sagte: „Setz dich, wir müssen dir was erzählen …" Sein Tonfall irritierte Thee, Tom war eigentlich immer gut drauf und im Urlaub sowieso mit einem Dauergrinsen ausgestattet, das sie in diesem Moment vergeblich in seinem Gesicht suchte.

Sie hatte sich kaum hingesetzt, da platzte es aus Claudia heraus: „Arne ist verschwunden!"

Thee schaute sie verwirrt an. „Wie, verschwunden? Der wird wahrscheinlich noch pennen. Hat doch frei heute, und gestern war's etwas viel Alk, wie ich leider nur zu sehr merke. Wozu die Panik?"

„Nee, Thee, wir haben vorhin seine Kollegin aus dem Friesenhof getroffen, die hat heute Morgen vergeblich auf ihn gewartet, weil er ihr etwas bringen wollte, und dann versucht, ihn anzurufen. Dann ist sie sogar zu seiner Wohnung gefahren, aber er ist nirgends anzutreffen. Wie vom Erdboden verschluckt!"

Thee spürte, wie ihre Kopfschmerzen stärker wurden, es hämmerte hinter ihrer Stirn, als wenn sich dort eine ganze Bauarbeiterkolonne zum fröhlichen Malochen verabredet hätte. Was war bloß gestern passiert? Wieso war Arne nicht aufzufinden und auch nicht bei seiner Kollegin aufgetaucht?

„Ihr habt doch gestern gefeiert." Der vorwurfsvolle Unterton in Claudias Feststellung entging Thekla nicht. „Du warst nicht zufällig noch bei ihm? Warst ja auch spät zu Hause."

Thekla ärgerte sich einen Moment über die implizite Unterstellung, doch dann konzentrierte sie sich. „Wir waren in der Schirmbar und haben ordentlich gefeiert, stimmt. Und, ganz ehrlich, Claudia, ich weiß nicht mehr, wie der Abend endete."

Claudia schaute sie mit einer Mischung aus Mitleid und Abscheu an. „Du hast ein Date mit einem derart schnuckeligen Typen und kannst dich hinterher nicht mehr dran erinnern? Echt, Thee, du hast ein Problem, und kein kleines, sag ich mal so."

„Kommt mal runter, Mädels." Tom versuchte zu schlichten. „Streiten bringt nichts. Blöd, dass du dich nicht erinnerst, Thee. Sollte er nicht wieder auftauchen, wird bestimmt die Polizei nach ihm suchen und auch dich noch befragen. Haben ja viele gesehen, dass du mit Arne unterwegs warst. Vielleicht meldest du dich dann besser direkt bei ihnen."

„Die Polizei?" Thee schaute Markus verwirrt an. „Die ermitteln doch noch nicht, oder? Er ist halt gerade nicht auffindbar, der wird schon wieder auftauchen."

„Na, merkwürdig ist das schon." Alle schauten Tjark an, von dem dieser Satz plötzlich wie aus dem Nichts kam. Er war der Stillste der Truppe und redete selten ungefragt. Alle mochten ihn, da er ein intelligenter und angenehmer Zeitgenosse war, innerhalb der Gruppe beanspruchte er allerdings niemals die Wortführerschaft, sondern richtete sich nach den anderen.

„Wie meinst du das?", fragte Thekla ihn.

„Na ja, ihr hängt doch in den letzten Tagen dauernd zusammen, der hat ja einen regelrechten Narren an dir gefressen, Thee. Da hätte er sich doch heute bestimmt schon bei dir hören lassen. Und außerdem hockt er doch jede freie Minute entweder am Strand oder in der Strandhalle beim Bierchen. Da hat ihn aber offenbar heute auch noch niemand gesehen."

Thekla spürte, wie sie trotz der bereits sehr angenehmen Temperatur fröstelte. Und wenn doch was passiert war? Und sie dabei gewesen war, sich aber nicht erinnern konnte? Wo konnte Arne bloß sein? Er ging auch nicht an sein Handy, sie hatte schon versucht, ihn anzurufen, und ihm eine SMS geschickt. Keine Reaktion. Tjark hatte recht, das war wirklich merkwürdig, und diese Erkenntnis gefiel ihr gar nicht.

Thekla betrat das Zelt, das M ihr in der Nachricht genannt hatte, und suchte mit ihrem Blick den fraglichen Stand. Es gab hier allerlei zu sehen und zu kaufen. Hochwertige Kleidung, leckere Weine und Süßigkeiten, auch ein Buchstand befand sich hier, den Thekla sonst nie ausließ. Jetzt fiel es ihr zwar schwer, sich auf das Angebot zu konzentrieren, aber als Zwischenstation bei der Annäherung schien ihr der Stand gut geeignet. Sie stellte sich an einen der Tische und nahm ein Buch über die Ostfriesischen Inseln zur Hand, um darin zu blättern und währenddessen unauffällig zu den Brotaufstrichen hinüberzuschauen. Ein älteres Paar bediente dort die Kunden und kümmerte sich freundlich um jeden einzelnen, der eine Frage zu den angebotenen Produkten hatte.

Thekla schaute sich die beiden an, und besonders der Mann erinnerte sie entfernt an jemanden, doch ihr fiel nicht ein, wer das sein könnte. Sie sah kurz in das Buch in ihrer Hand und stellte fest, dass sie eine Seite mit dem Café Kluntje auf Baltrum geöffnet hatte. Das war wirklich ein schöner Ort, dachte sie, da musste sie unbedingt auch mal wieder hin. Sie klappte das Buch zu, überlegte kurz und kaufte es dann spontan. Sie war gerne in Ostfriesland unterwegs, und da war sicher noch der eine oder andere interessante Tipp enthalten.

Sie hielt das Buch in der Hand, als wenn sie etwas zum Festhalten brauchte. Kathrin war mittlerweile auch eingetroffen, sie hatte sie kurz aus dem Blick verloren, als Thekla so entschlossen losgestürmt war. „Hast du schon gefragt?" Kathrins Stimme klang aufgeregt.

„Nein, aber ich mach das jetzt mal", antwortete sie und machte sich langsamen Schrittes auf den Weg zum fraglichen Stand.

„Moin, entschuldigen Sie die Frage, aber könnte ich eventuell mit Ihrem Sohn sprechen? Es geht um eine Frage zu den Ostfriesischen Inseln."

Thekla hatte die Worte kaum ausgesprochen, als das Lächeln aus dem Gesicht der älteren Dame wich. Sie schaute hilfesuchend zu ihrem Mann. „Folkert, komm doch mal", sagte sie mit zitternder Stimme, und dann zu Thekla: „Wiederholen Sie das noch mal!"

„Ich würde gerne mit Ihrem Sohn sprechen, es geht um die Inseln." Thekla wurde immer nervöser, die Frage schien die beiden Alten regelrecht zu verstören.

„Was haben Sie mit unserem Sohn zu tun?"

Die Frage des Mannes, der mittlerweile an sie herangetreten war, kam ganz leise, hatte aber auch einen leicht bedrohlichen Unterton, der Thekla schaudern ließ. Worauf hatte sie sich hier bloß eingelassen? War das Bestandteil eines perfiden Plans von M? Was ging hier nur vor? Ihre Frage schien die beiden Alten regelrecht aufzuwühlen, und Thekla war sich sicher, bei der Frau nun auch eine Träne im rechten Auge ausmachen zu können.

„Was haben Sie mit unserem Sohn zu tun?" Der Mann wiederholte die Frage, und sie klang noch bedrohlicher als beim ersten Mal. Thekla überlegte angestrengt, was sie antworten sollte, war sich aber unsicher.

„Wir haben Ihren Sohn vor längerer Zeit mal auf einer Insel getroffen, Herr ... ääääh ..." Kathrin suchte nach einem Namen auf den Schildern des Standes. „Herr Petersen", sagte sie dann, „und wir wollten fragen, ob er noch in Ostfriesland ist."

Petersen. Thekla wurde blass. Hatte Kathrin gerade wirklich Petersen gesagt? Sie schaute auf die Schilder an der Rückwand des Standes. „Folkert und Gesine Petersen, Exklusive kulinarische Spezialitäten aus Ostfriesland" war dort zu lesen. In Theklas Kopf rotierte es. Das konnte doch nicht sein, oder? Die beiden waren doch nicht etwa ... Erinnerungen kamen hoch, gut verdrängte Erinnerungen. Arne. Juist. 2018. Oh Gott ... Was passierte hier bloß!?

Ihr wurde schwarz vor Augen, und wie aus weiter Ferne hörte sie Kathrin rufen: „Thekla!? Was ist mit dir?!"

Mittlerweile war es später Nachmittag, und Arne Petersen war immer noch nicht wieder aufgetaucht. Seine Freunde machten sich Sorgen und hatten sich aufgeteilt. Emma und Roland wollten im Dorf bleiben und dort nach ihm suchen, Markus hatte sich auf den Weg zur Domäne Bill am Westende von Juist gemacht, weil er wusste, dass Arne dort gerne hinausfuhr, wenn er frei hatte und sich entspannen wollte. Doch auch dort hatte niemand den jungen Mann gesehen. Anrufversuche blieben ebenfalls weiterhin erfolglos.

Markus war ein wenig ratlos und beschloss, bei einem Stück Rosinenstuten und einer Kanne Tee zu überlegen, was nun zu tun wäre. Der Rosinenstuten in der Domäne Bill zählte zu den Dingen, die man auf Juist keinesfalls verpassen durfte, eine mehrere Zentimeter dicke Scheibe locker gebackenes Brot mit vielen Rosinen, häufig noch warm. Butter dazu. Göttlich.

Markus bedauerte, dass er den Stuten in diesem Moment nicht so genießen konnte wie sonst, er überlegte fieberhaft, wo Arne sein könnte. Was war passiert, nachdem Arne gestern Abend mit dieser Thekla unterwegs gewesen war? Wie konnte ein Mensch spurlos verschwinden? Von einer Nordseeinsel? Irgendwas passte doch hier so gar nicht zusammen.

Markus' Smartphone klingelte. Er besaß stets das neueste Modell und war sehr stolz darauf, bei technischen Neuerungen ganz vorne dabei zu sein, wie er zu sagen pflegte.

Emma war am anderen Ende der Leitung. Markus hörte einen Moment aufmerksam zu und sagte selbst gar nichts. Als das Gespräch beendet war, runzelte er die Stirn. „Nichts", sagte er zu sich selbst, „gar nichts. Niemand hat ihn gesehen, niemand kann ihn erreichen, und niemand weiß irgendwas. Er ist von heute auf morgen zu einem Phantom geworden. Phantom-Arne", Markus musste ein wenig grinsen.

Er überlegte: Ob diese Thekla eine Rolle spielte? Die war immerhin vermutlich die Letzte, die ihn gesehen hatte.

„Thee? Hörst du mich? Thee?" Kathrins Stimme drang nur langsam und sehr leise zu Thekla durch, doch mit jeder Sekunde wurde sie klarer im Kopf.

„Was ist passiert?" Sie schaute erst fragend in Kathrins Gesicht und dann um sich herum. Sie war immer noch im Zelt des Weihnachtsmarktes und saß am Rande des Standes der Familie Petersen. Ein Sanitäter hockte vor ihr und fragte sie, wie sie sich fühle. „Wird schon gehen", murmelte sie vor sich hin, und ihr Blick suchte verstohlen nach den beiden Alten. Die waren mittlerweile schon wieder im Gespräch mit Kunden, wie sie feststellte. The show must go on, dachte Thekla, und das gilt wohl auch für mich.

„Alles in Ordnung", sie lächelte den Sanitäter an und stand vorsichtig auf. Sie nahm Kathrin beim Arm und zog sie etwas vom Stand weg. „Was ist passiert, wie lange war ich außer Gefecht?"

„Vielleicht fünf Minuten oder so, nicht lange", Kathrin bewegte sich noch weiter vom Stand weg und fragte: „Was hat dich denn so geschockt, dass dir der Kreislauf wegsackt? Du hast ausgesehen, als wenn du ein Gespenst siehst."

„Ja, Kathrin, ein wenig so war es auch. Gesehen habe ich keins, aber gesprochen haben wir von einem. Lass uns ins Hauptgebäude gehen und etwas trinken und essen, das brauche ich jetzt. Und dann erzähle ich dir etwas, was ich dir bisher nicht erzählen mochte, weil es mir so peinlich ist."

Und dann begann sie zu berichten. Von Juist und von Arne, von seinem Verschwinden und wie die Polizei sie befragt hatte, weil sie vielleicht die Letzte gewesen war, die ihn lebend gesehen hatte. Davon, wie die Freundschaft zu Claudia, Tom und Tjark gelitten hatte, weil niemand ihr so richtig glaubte, dass sie mit der Sache nichts zu tun hatte, und alle ihr übel nahmen, dass sie zu betrunken gewesen war, um sich zu erinnern. Wie sie danach lange gebraucht hatte, um wieder in die Spur zu finden und im Berufsleben schließlich als Polizistin Fuß zu fassen.

Kathrin hörte ihr aufmerksam und mit immer größerem Erstaunen zu. Da denkt man, man kennt jemanden, dachte sie, und dann so was ... Während Thekla erzählte, glaubte sie aus dem Augenwinkel eine Person zu sehen, die auffällig neugierig zu ihnen herüberschaute. Als sie noch einmal hinsah, war da allerdings niemand. Die ganze Anspannung sorgt offenbar schon für Halluzinationen, dachte Kathrin.

Thekla schien sehr aufgeregt zu sein. Und sogar zusammengebrochen war sie im Zelt. Das geschah ihr recht, dachte M und zog sich aus dem Gebäude zurück, in dem Thee mit ihrer Freundin saß. Das war gut gelaufen, der Schock gelungen. Nun sollte Thee erst mal eine Weile zappeln. Fröhliche Weihnachten!, dachte M mit einem zufriedenen Lächeln.

5. KAPITEL

Wer Arne früher war

Thekla blinzelte in die Sonne. Die letzten Tage waren fast sommerlich gewesen, der April hatte wettertechnisch einiges zu bieten in diesem Jahr. Wobei das ja eigentlich ohnehin typisch für den April war. Diese ganze Klimadiskussion brachte einen ganz durcheinander. Jetzt saß sie jedenfalls im Café Kluntje im Baltrumer Ostdorf und ließ es sich bei einem Stück Pflaumenkuchen und einer Kanne Ostfriesentee gut gehen.

Sie hatte sich ein paar Tage Auszeit gegönnt und sich entschlossen, eine ausgedehnte Fahrradtour durch Ostfriesland zu unternehmen. Von Leer aus war sie ein Stück über den Ostfriesland-Wanderweg gefahren und dann weiter Richtung

Küste. Sie entschied sich gegen die Strecke über Aurich, stattdessen bog sie in Westgroßefehn Richtung Ihlow ab. Auf dem Weg lag das Fehnmuseum in Westgroßefehn, das sie schon lange mal besuchen wollte, und auch die Klosterstätte Ihlow hatte sie noch nie gesehen. Während sie durch die ostfriesische Landschaft radelte, hatte sie viel Zeit, nachzudenken.

Gut fünf Monate war es jetzt her, dass die unseligen Geschehnisse aus ihrer Vergangenheit in ihr Leben zurückgekommen waren. Seit der ersten Mail von M und ihrem Zusammenbruch auf dem Weihnachtsmarkt in Lütetsburg. Und direkt danach: Funkstille. Urplötzlich kam gar nichts mehr. Keine Mail, keine sonstigen Nachrichten, niemand meldete sich mehr in dieser Sache. Am Anfang war das für Thekla wie ein kalter Entzug gewesen. So musste es sich anfühlen, wenn jemand von einem guten Freund oder gar Liebhaber plötzlich ohne Angabe von Gründen geghostet wurde. Thekla hatte sich ob dieser Erkenntnis damals ein wenig erschreckt. Obwohl die Nachrichten von M sie sehr geschockt hatten, fehlten sie ihr richtiggehend, als sie nicht mehr kamen. Kathrin hatte gemeint, das sei wohl so was Ähnliches wie das Stockholm-Syndrom, bei dem entführte Menschen sich emotional ihren Entführern annähern, obwohl diese ihnen ja eigentlich etwas Böses angetan haben. Also, so rein psychologisch, hatte Kathrin gemeint, könne man das doch so sehen.

Thekla wusste es nicht, sie hatte sich die ganze Weihnachtszeit über und am Beginn des neuen Jahres sehr verwirrt gefühlt. Bei jeder neuen Nachricht auf irgendeinem Kanal war sie zusammengezuckt und hatte sich kaum getraut, sie zu öffnen. Erst im Laufe des Januars war es besser geworden, auch weil ein neuer, sehr arbeitsintensiver Fall auf ihrem Schreibtisch gelandet war. Seitdem war sie beschäftigt und endlich auf andere Gedanken gekommen.

Der Fall hatte unter anderem mit vermissten Personen zu tun, nach denen sie und ihre Kollegen mit Hochdruck suchten. Natürlich hatte all das sie auch ein wenig an die ganze Sache mit M und an die Vergangenheit erinnert. Diese Personen waren verschwunden, genau wie Arne damals. Du meine Güte, was war das noch für ein Drama gewesen, auf dem Weihnachtsmarkt, nachdem sie sich von ihrem Zusammenbruch erholt hatte.

Sie nahm einen Schluck von ihrem Tee, schloss die Augen und erinnerte sich. Nachdem sie wieder zu sich gekommen war, hatte sie Kathrin erst mal in Ruhe die ganze Geschichte erzählt. Alles, was sie von den Ereignissen auf Juist damals wusste oder auch nur zu wissen glaubte. Das hatte unwahrscheinlich gutgetan, mit jedem Detail, das sie ihrer Freundin anvertraute, waren damals ihre Lebensgeister zurückgekehrt, und sie wurde wieder neugierig, was es mit den Brotaufstrich-Petersens auf sich hatte.

Sie waren dann tatsächlich noch einmal zum Stand zurückgekehrt und hatten ganz vorsichtig versucht, mit den beiden Alten zu sprechen. Thekla hatte erklärt, dass jemand ihr erzählt habe, Petersens seien die Eltern von Arne Petersen, den sie in vor einigen Jahren einmal gekannt habe, und dass sie einfach mal nach ihm fragen solle. Das war ja auch noch nicht mal wirklich gelogen gewesen, auch wenn die Hintergründe für die Nachfrage andere waren.

Mit dieser Erklärung hatten die beiden sich zufriedengegeben und ihr dann mit großer Trauer im Gesicht zu verstehen gegeben, dass ihr Sohn seit sechs Jahren vermisst werde und mittlerweile für tot erklärt worden sei. Sie selbst hätten nie daran geglaubt, weil er niemals gefunden worden sei, aber könnten sich auch nicht erklären, warum er hätte untertauchen sollen. Petersens erzählten ihr, dass sie in Norden ein etabliertes und profitables Hotel führten, das Arne eigentlich einmal hätte übernehmen sollen. Die Brotaufstriche seien ein Zusatzgeschäft und mehr eine Art Hobby, das sich aus persönlichen Interessen ergeben habe. Arne sei von der Hotelsache nie begeistert gewesen, aber er sei ihr einziges Kind und habe das Zeug dazu gehabt. Nun bliebe ihnen nicht viel anderes übrig, als das Hotel, ihr Lebenswerk, irgendwann einfach zu verkaufen.

Thekla war geschockt von der Tatsache, dass M sie hier ins offene Messer hatte laufen lassen. Ihr wurde mehr und mehr klar, dass die ganze Sache etwas mit den Ereignissen auf Juist vor sechs Jahren zu tun haben musste. Nur wie alles zusammenhing, das war ihr immer noch schleierhaft. Wollte ihr jemand zeigen, dass man nicht davor weglaufen konnte, was früher gewesen war? Sie hatte damals zwar im Mittelpunkt der Ermittlungen gestanden, war sich aber eigentlich nie einer Schuld bewusst gewesen. Die Polizei hatte die Akte irgendwann geschlossen, und sie hatte die Sache schließlich für sich abgehakt, zumindest hatte sie das bis vor einem halben Jahr geglaubt. Arne war weg, und er würde seine Gründe dafür gehabt haben, hatte sie sich eingeredet. All das hatte nichts mit ihr zu tun, sie kannten sich doch gerade erst ein paar Tage. Und was in jener Nacht passiert war: Niemand würde es je herausfinden.

Nun schien es, als wäre der mysteriöse M da anderer Meinung. Die Abgründe, in die Thekla schauen sollte, hingen offenbar mit ihrer Rolle beim Verschwinden von Arne Petersen

zusammen. Und jemand namens M schien zu glauben, dass Thekla Verantwortung dafür trug. Dass sie ihn vielleicht sogar umgebracht hatte. Das hatte die Polizei anfangs ja auch geglaubt.

Thekla schauderte bei der Vorstellung, jemand könnte sie für eine kaltblütige Mörderin halten. Auf der anderen Seite: Sie wusste bis heute nicht, was in jener Nacht wirklich geschehen war. Sie seufzte, und eine Liedzeile eines der unbekannteren Stücke von Marius Müller-Westernhagen kam ihr in den Sinn. Da hieß es in „Nur hier in der Kneipe bin ich frei": „Scheiß Alkohol, was hab' ich wieder gemacht!?" Sie mochte die alten Westernhagen-Songs, vieles von dem, über das Marius zu jener Zeit sang, kannte sie in ähnlicher Weise aus ihrem Leben. Leider galt das auch für die Alkohol-Exzesse in ihrer Jugend, die sie mittlerweile jedoch überwunden hatte. Man wurde eben ruhiger mit den Jahren, und irgendwann zählte nicht mehr, wer man früher war. Oder?

Roland Wiese trat aus der Tür des Gebäudes der Ostfriesischen Landschaft und atmete durch. Es war richtig schön geworden in den letzten Tagen, und auch jemand wie er, der schon in jungen Jahren dem Klischee des verstaubten Archivars ziemlich exakt entsprach, genoss die Wärme der Sonne und die milden Temperaturen, die dieses Frühjahr hervorgebracht hatte. Er ging zu seinem Fahrrad, als er ein Fahrzeug auf den Parkplatz einbiegen sah, das ihm nur zu bekannt vorkam. Wiese lief ein kalter Schauer über den Rücken. Er hatte den bolligen Polizisten aus Leer schon fast vergessen, in den letzten Monaten war in der Sache nichts mehr passiert. M hatte entschieden, dass sie Thee eine Weile schmoren lassen wollten, und außerdem waren sie sich nicht sicher gewesen, wie weiter vorzugehen wäre. Und jetzt plötzlich der Martens mit seinem protzigen Auto. Hieß das, es ging weiter? Warum hatte M nichts von sich hören lassen?

Wiese sah, wie Klaus Martens aus dem Auto stieg und ihn sofort erblickte. Martens kam auf ihn zu, und Wiese schien es, als wenn plötzlich eine dunkle Wolke die Sonne verfinsterte. „Wiese!" Der Polizist schien ausnehmend schlechte Laune zu haben. „Was habt ihr euch eigentlich dabei gedacht? Seit Monaten höre ich nichts mehr, obwohl ich mir alle Mühe gegeben und sogar meinen Job riskiert habe, um Siemens ans Messer zu liefern! Stattdessen hockt sie immer noch in der Kaffeerösterei und erfreut sich ihres armseligen Lebens. Ich dachte, ihr wolltet sie erledigen!"

Roland Wiese ließ den Wortschwall des wütenden Mannes über sich ergehen und dachte währenddessen über seine Antwort nach. Er selbst war sich von Anfang an nicht sicher gewesen, ob Thekla Strafe verdient hatte. Konnten sie sich wirklich dessen sicher sein, was damals passiert war? Er neigte zum Grübeln und war letztlich froh gewesen, das nicht selbst entscheiden zu müssen. Er hatte sich einfach von M mitreißen lassen.

Nachdem Martens sich Luft gemacht hatte, nutzte Roland Wiese die entstandene Pause. „Herr Martens, Sie wissen doch, dass jemand anderes in der Sache federführend ist. Alle Entscheidungen gehen von dort aus, das ist gewissermaßen unsere Kommandozentrale." Er musste selbst für eine Sekunde schmunzeln über das Wort. M als Kommandozentrale. Genau so hatte sich das angefühlt, als sie sich entschlossen hatten, die Vergangenheit nicht auf sich beruhen zu lassen.

„Ich kann Ihnen also gar nichts dazu sagen, ob und wie es weitergeht. Und den Begriff ‚erledigen' finde ich auch ein wenig befremdlich. Wir wollen doch niemanden erledigen, sondern nur für ein wenig Gerechtigkeit sorgen."

„Gerechtigkeit, pfft." Martens stieß einen Laut aus, der wohl tiefe Verachtung ausdrücken sollte. „Ihr müsst sie fertigmachen, Mensch, Wiese, ich versteh das nicht. Siemens hat's nicht anders verdient! Sagen Sie das Ihrer Kommandozentrale!" Er drehte sich auf dem Absatz um und stieg wieder in den Mustang.

Roland Wiese wartete, bis Martens verschwunden war, und entschloss sich, M anzurufen. Er wollte nun doch selbst auch wissen, wie die ganze Sache weitergehen sollte.

6. KAPITEL

Die Vergangenheit kehrt zurück

Der Mann warf seinen Koffer auf einen der Trollis, die am Bahnhof in Oldenburg herumstanden. Die letzte Etappe seiner Reise stand bevor, einer langen Reise, wenn man es richtig bedachte, einer jahrelangen Reise, die mit einer irrationalen und weitreichenden Entscheidung begonnen hatte. Er schaute auf seinen Kofferanhänger und las den Namen: Andreas Petermeyer. War er das wirklich? Manchmal war er sich da nicht so sicher. Wie konnte man wissen, wer man ist? Wer man war? Und wer man sein wollte? Er bewunderte Menschen, die sich ihrer selbst sicher waren und einen festen Stand im Leben hatten. Die wussten, was gut und was böse war.

Die Durchsage aus dem Lautsprecher unterbrach seine philosophischen Gedankengänge. „Es fährt ein der Zug von Hannover nach Norddeich Mole, über Zwischenahn, Ocholt, Leer und Emden. Bitte Vorsicht am Bahnsteig!" In etwa einer Dreiviertelstunde würde er in Leer aus dem Zug steigen. Oder sollte er einfach sitzen bleiben und bis Norddeich weiterfahren? Zum Hafen gehen, eine Fähre besteigen und auf die Insel fahren? Mittlerweile konnte man nach Juist viel öfter fahren als früher, sie hatten kleine Schnellboote im Einsatz, die von den Tidezeiten unabhängig waren. Als er das letzte Mal auf der Insel gewesen war, musste man noch jemanden kennen, der ein Boot hatte, um nicht auf die Fähre angewiesen zu sein, die in der Regel nur einmal am Tag fuhr. Er hatte immer jemanden gekannt. Auch an jenem Tag.

Er wartete, bis der Zug gehalten hatte und sich der Schwall der Fahrgäste, die in Oldenburg ausstiegen, auf den Bahnsteig ergossen hatte. Dann betrat er den Waggon, in dem sich sein reservierter Platz befinden sollte. Züge kamen ihm oft vor wie lebendige Wesen. Tagein, tagaus spuckten sie Menschen in die Welt und sogen dafür andere in ihr Inneres. Besonders bei den U-Bahnen in der Großstadt, in der er seit einiger Zeit lebte, hatte er diesen Gedanken häufig.

Schließlich erreichte er seinen Platz, er hatte extra einen Fensterplatz reserviert, um zu schauen, was sich auf der Strecke, die er früher häufiger gefahren war, verändert hatte. Was sich auf jeden Fall verändert hatte, war er selbst. Er war damals fortgegangen, weil er das Leben, das für ihn vorgesehen gewesen war, nicht ertragen hätte. Er hätte irgendwann in den Hotelbetrieb seiner Eltern einsteigen und ihn übernehmen sollen, damit sie sich auf den kleinen Spezia-

litätenladen konzentrieren konnten, den sie irgendwann in das Familienunternehmen integriert hatten. Das hatten die beiden sich schon genau überlegt und längst ohne ihn entschieden. Immer wieder hatten sie darüber diskutiert, und seine Eltern, besonders sein Vater, hatten die Entscheidung im Grunde als besiegelt angesehen. Als Andreas es schließlich gewagt hatte, offen zu widersprechen und klipp und klar zu sagen, dass es nicht seiner Vorstellung von seiner Zukunft entsprach, dieses Hotel zu führen, hatte es einen Riesenstreit gegeben. Da das jedoch nicht zum ersten Mal passierte, hatten sie sich wohl nichts dabei gedacht, als er anschließend das Haus mit der Drohung verließ, nicht mehr zurückzukehren. Sie hatten ihm einfach nicht zugetraut, das wirklich durchzuziehen.

Der Zug fuhr an, und er spürte, wie seine Nervosität stieg. Was würde ihn in der alten Heimat erwarten?

Bing! Kaum hatte sie ihr Handy wieder angestellt, rauschten die Nachrichten nur so herein. Thekla war gerade zu Fuß auf dem Weg von einem Treffen im Zusammenhang mit einem der Fälle, die sie als Polizistin zu bearbeiten hatte. Während eines solchen Termins pflegte sie ihr Handy auszumachen, um sich voll auf ihren Gesprächspartner konzentrieren zu können. In diesem Fall war die Schwester einer Frau spurlos verschwunden, und Thekla hatte im Gespräch herauszufinden versucht, wie alles zusammenhing. Es war ihr vorher bereits gelungen, einige Hinweise auf den Verbleib der Schwester zu finden, und sie wurde das Gefühl nicht los, dass die Frau einiges zu verbergen hatte, das mit dem Verschwinden ihrer Schwester zu tun hatte. Manchmal gab es in der Vergangenheit der

Menschen Dinge, die lange Zeit unausgesprochen blieben und einem dann wieder auf die Füße fielen. Wer wüsste das besser als ich, hatte sie noch gedacht, als sie das Haus der Frau nach dem Gespräch verließ.

Sie scrollte mit einem halben Auge durch die Nachrichten auf verschiedenen Kanälen und freute sich schon darauf, gleich in der Rösterei einen Cappuccino zu trinken. Dann stockte ihr der Atem.

„*Moin Thee* ..." Thekla traute ihren Augen kaum. M war zurück. In ihrem Handy und damit sofort auch in ihrem Kopf. Atemlos las sie weiter und begann zu zittern.

Hast Du wirklich gedacht, Du wärst mich los? Nein, zappeln solltest Du und unruhig sein, so wie andere wegen Dir gezappelt haben und unruhig waren. Aber vielleicht ist es an der Zeit, ein wenig konkreter zu werden. Du hast ja bereits gemerkt, dass unser trautes Zwiegespräch mit Deiner Vergangenheit zu tun hat und ich darüber sehr genau Bescheid weiß. Hast Du Dir jemals überlegt, was Du mit Deinem besoffenen Kopf für Schaden angerichtet hast?

Das war bestimmt schon häufiger der Fall, aber alle anderen Sachen sind Peanuts im Vergleich zu der Petersen-Nummer. Ja, ich nehme an, Du hast mittlerweile verstanden, dass es um Arne geht. Und um Deine Rolle in diesem miesen Spiel. Er ist damals einfach verschwunden, und wir wissen doch alle, dass Du dafür verantwortlich bist.

MÖRDERIN!!

Die leichte Sonnenbräune, die sie in den letzten Tagen bereits erreicht hatte, wich aus Theklas Gesicht. Wer sie in diesem Moment anschaute, sah ein aschfahles Gesicht mit weit aufgerissenen Augen, das zu einer Frau gehörte, die ganz kurz das Gleichgewicht zu verlieren schien. Sie starrte auf das letzte Wort. MÖRDERIN!! Der Rest der Mail, so dramatisch er war, verblasste vor dieser ungeheuren Anschuldigung.

Sie hatte niemanden umgebracht; wer das behauptete, war ein Lügner. Thekla begann zu zittern, eine Mischung aus Wut und Angst bemächtigte sich ihrer Gedanken. Wie kam diese Person nur darauf, dass sie für Arnes Tod verantwortlich war?

Offenbar war die lange Pause seit den Ereignissen auf dem Weihnachtsmarkt Absicht gewesen, um sie in Sicherheit zu wiegen und ihr mit dieser Mail einen umso wirkungsvolleren Treffer zu versetzen. Sie musste zugeben, dass dieser Plan aufgegangen war, in der Tat fühlte sie sich wie ein Boxer nach einem Schlag mit einer harten rechten Geraden. Aber angeschlagen hieß noch nicht k.o., nach einem Moment des Schocks erwachte ihr Kampfgeist wieder, und sie begann zu überlegen, wie sie reagieren sollte.

Sie musste M konfrontieren, dachte Thekla, die Masken sollten endlich fallen. Wer ihr solche Vorwürfe machte, sollte das von Angesicht zu Angesicht tun. „Und dann aber Butter bei die Fische!", murmelte sie leise vor sich hin und spürte, wie der Schock sich mehr und mehr in Wut verwandelte. Sie würde sich nicht unterkriegen lassen, das wäre doch gelacht.

Sie öffnete die Tür der Kaffeerösterei mit einem solchen Schwung, dass für einen Moment alle Augen der Angestellten und Kunden auf ihr lagen.

„Du hast ja Energie heute, was ist los?", sagte Alicia zu ihr, bekam jedoch auf diese Frage keine Antwort.

Mit einem knappen „Wie immer!" verschwand Thekla im hinteren Gastraum. Sie wollte in Ruhe bei einem oder zwei Cappuccini über ihre Strategie nachdenken. Als Erstes würde sie Kathrin informieren und dann noch mal die Ereignisse von Juist 2018 rekapitulieren. Bisher hatte sie sich davor gescheut und all das weiterhin verdrängt, obwohl ja alles darauf hindeutete, dass es um Arne ging. Das würde sie nun ändern.

Der hintere Gastraum war zum Glück leer, und so konnte sie sich bequem an ihren Lieblingsecktisch am Fenster setzen und anfangen, einen Plan zu schmieden.

Andreas Petermeyer sah gedankenverloren auf die Wohnsiedlungen, die auf den letzten Metern vor dem Leeraner Bahnhof an ihm vorüberglitten. Immer noch verspürte er den Drang, bis Norddeich Mole weiterzufahren und direkt überzusetzen, aber da er herausgefunden hatte, dass SIE mittlerweile in Leer wohnte, hatte er sich entschlossen, zunächst dort auszusteigen. Er war sich nicht ganz sicher, was er genau tun wollte. Er hatte eine Adresse in der Tasche, sollte er dort einfach hinfahren und an der Haustür klingeln? Was sollte er sagen, wenn sie wirklich die Tür öffnen und ihn wiedererkennen würde? Oder sollte er warten, bis sie vielleicht das Haus verließ, und ihr heimlich folgen? Das wäre schon etwas merkwürdig, aber er war sich nicht sicher, ob er sich wirklich bereit für die direkte Konfrontation fühlte.

Er war erstaunt. Die seltsame Gleisaufteilung in 1, 2 und Gleis 4/14 gab es nicht mehr. Warum Letzteres so hieß und wo Gleis 3 geblieben war, hatte er sich bei jedem Aufenthalt in

der Ledastadt gefragt. Offenbar jedoch nicht nur er, denn nun gab es nur noch ein Gleis 4, die 14 war getilgt. Gleis 3 jedoch blieb verschwunden.

Sein Zug lief auf eben jenem ehemals ominösen Gleis 4/14 ein, erstaunlicherweise mit nur zehn Minuten Verspätung. Es geschahen noch Zeichen und Wunder; seit er wieder in Deutschland war, hatte er beim Bahnfahren einige heftige Verspätungen und Ausfälle erlebt, man schien das Problem hierzulande einfach nicht in den Griff zu bekommen.

Er verließ den Zug, ging durch die kahle und abweisende Unterführung hinüber ins Bahnhofsgebäude und trat aus der Tür auf den Bahnhofsvorplatz. Immerhin schönes Wetter, dachte er bei sich, da war Ostfriesland ja doch immer wie eine Wundertüte. Das berühmt-berüchtigte Schietwetter konnte einen hier zu jeder Jahreszeit ereilen. Er erinnerte sich an einen Spruch seiner Mutter, wenn es mal wieder Bindfäden regnete und er als Kind klagte, er könne nicht nach draußen. „Es gibt kein schlechtes Wetter, sondern nur falsche Kleidung, mien Jung", pflegte sie dann zu sagen, packte ihn in Regenjacke und Gummistiefel und jagte ihn nach draußen. Tatsächlich konnte man als Kind ganz hervorragend im Regen draußen spielen, und es fanden sich schließlich auch immer einige Spielkameraden, die wohl ähnliche Mütter hatten.

Er wurde wehmütig. Seit sechs Jahren musste seine Mutter nun denken, er sei tot. Auch hier war er sich nicht sicher, wie er seine Rückkehr gestalten sollte. Das Einzige, was er wusste, war, dass es an der Zeit war, zurückzukehren.

Er entschloss sich, zunächst ein wenig durch die Leeraner Fußgängerzone zu schlendern und zu schauen, was sich dort verändert hatte. Die Leeraner Bürger waren erfolgreich damit gewesen, ein riesiges Einkaufscenter zu verhindern, das die Struktur des Einzelhandels in der Stadt zerstört hätte. Gut so, dachte er bei sich, so gab es wenigstens immer noch einige schöne kleine Läden, die neben all den Filialen der großen Ketten existieren konnten.

Er überquerte die Ledastraße, die die Fußgängerzone in der Mitte durchbrach, und lief durch die untere Mühlenstraße, wie dieser Teil genannt wurde. Er verspürte Lust auf einen Kaffee und fragte eine Passantin, wo man denn hier in der Nähe am besten eine Kaffeepause einlegen konnte.

„Oh, kein Problem", sagte sie, „da gehen Sie einfach zum Baum, das ist die Kaffeerösterei ein Stückchen weiter die Straße runter auf der rechten Seite. Gelbe Schirme, großes Schaufenster, können Sie gar nicht verfehlen."

Andreas bedankte sich und suchte nach dem genannten Laden, an den er sich nun wieder erinnerte, möglicherweise war er bei einem seiner Besuche in Leer früher schon einmal dort gewesen. Als er die gelben Schirme erblickte, verließ eine Frau die Rösterei, deren Gang ihm bekannt vorkam. Leider sah er sie nur für einen flüchtigen Moment, sie schien sogar zu ihm herüberzuschauen, drehte sich jedoch dann schnell um und verschwand direkt in einer Gasse zwischen der Rösterei und dem benachbarten Bekleidungsgeschäft. Er grübelte einen kurzen Moment, ob das tatsächlich jemand gewesen war, den er von früher kannte, entschied sich dann jedoch, erst mal einen Kaffee zu genießen.

Thekla hatte drei große Cappuccini getrunken, einen davon sogar als „Coretto" mit einem Schuss Grappa, und dazu einen leckeren Schoko-Mousse-Kuchen verdrückt. Sie fühlte sich regelrecht aufgeputscht, als sie die Rösterei verließ und sich direkt nach rechts wandte, um durch die dortige Gasse zum Ostersteg zu gelangen. Für einen kurzen Moment blickte sie nach links in die Fußgängerzone hinein, weil sie das Gefühl hatte, beobachtet zu werden. Doch sie konnte niemanden ausfindig machen, der ihr verdächtig vorkam, und setzte ihren Weg fort. Sie wollte nach Hause laufen, das war zwar ein kleines Stück Wegstrecke, doch vielleicht ganz gut, um ein wenig runterzukommen.

Sie hatte hin und her überlegt und schließlich eine Antwort an M verfasst:

M!
Meine Geduld ist am Ende, ich lasse mir diese Unverschämtheit nicht mehr bieten und mich von Dir vorführen. Komm aus Deinem Loch gekrochen und zeige Dich mir, damit wir von Angesicht zu Angesicht reden können. Falls Du dazu nicht bereit bist, wird dies meine letzte Reaktion auf Deine absurden Vorwürfe sein. Mit Arnes Verschwinden habe ich jedenfalls nichts zu tun und lasse mir das auch von niemandem einreden. Alles, was es dazu zu sagen gab, habe ich damals der Polizei gesagt, die die Ermittlungen schließlich eingestellt hat, weil Arne nicht gefunden werden konnte.
Also: Komm raus und sag mir, wo wir uns treffen können!

Nachdem sie diese Nachricht abgeschickt hatte, fühlte sie sich erheblich besser. Sie ging davon aus, dass M sich nicht trauen würde, sich der persönlichen Begegnung zu stellen, und dass

die ganze Sache damit endgültig ein Ende haben würde. Kathrin, der sie den Text geschickt hatte, hatte die Vorgehensweise ebenfalls für gut befunden und sie in ihrer Meinung bestärkt, dass es damit wohl ein Ende mit den Belästigungen haben würde.

Thekla überquerte den Zebrastreifen am Ostersteg und ging den schmalen Durchgang zum Turnerweg entlang, vorbei am Gebäude der Osterstegschule, das heute vom nahe gelegenen Ubbo-Emmius-Gymnasium mitgenutzt wurde. Als sie die Aula passierte, hörte sie drinnen den Jazzchor der Schule proben und lauschte einen kleinen Moment den schönen Stimmen. Sie lächelte unwillkürlich und spürte, dass sie mit ihrer Antwort an M das Richtige getan hatte. Eine Last fiel von ihren Schultern ab, das würde bestimmt das Ende dieser Geschichte sein. Sie setzte ihren Weg fort und erreichte schließlich ihre Wohnung in der Nähe des Leeraner Klinikums.

M hatte Theklas Antwort bestimmt schon zehn Mal gelesen und war sich nicht sicher, wie zu reagieren war. Thee ging zum Gegenangriff über und versuchte offenbar, die Sache zu einem Ende zu bringen. M überlegte, ob der Zeitpunkt für die offene Konfrontation gekommen war, doch irgendetwas nährte die Zweifel, dass es wirklich schon so weit war. Die anderen zögerten ebenso, Roland Wiese hatte am Telefon nur gestöhnt und gefragt, ob sie es nicht gut sein lassen wollten. M beschloss, einen ausgedehnten Spaziergang zu machen, das klärte meistens den Kopf.

Andreas Petermeyer spazierte auch. Allerdings ohne echtes Ziel. Er hatte in der Kaffeerösterei etwas getrunken, war mit seinen Gedanken jedoch die ganze Zeit weit weg gewesen und hatte den Laden bald schon wieder verlassen.

Nun streifte er ein wenig durch die Gegend, bis ihm auffiel, dass er sich unbewusst immer weiter der Adresse näherte, die er ausfindig gemacht hatte. IHRER Adresse. Er lief schon die Augustenstraße entlang des Klinikums hoch. Sollte er dort vorne abbiegen und die Wohnung aufsuchen? Unschlüssig machte er halt und versuchte, seine Gedanken zu ordnen.

M beschleunigte den Schritt beim Weg durch die Straßen Leers. Was war das Ziel der Aktion, die so langsam in eine kritische Phase zu geraten schien? Thekla sollte ihre gerechte Strafe für ihr schändliches Tun erhalten. All die Jahre war nichts passiert, obwohl doch das Material, das dieser Polizist geliefert hatte, wirklich viele Hinweise enthielt. Thekla war der Tötung von Arne verdächtigt worden, und die Hinweise waren nach der Meinung nicht nur von M erdrückend gewesen. Doch alles war am Ende daran gescheitert, dass niemand Arnes Leiche hatte finden können. M war überzeugt, dass Thekla ihn in den Dünen vergraben haben musste. Sie war vermutlich betrunken gewesen, hatte sich erst mit Arne eingelassen und dann keine Lust mehr gehabt. Es war zu einem Kampf gekommen, und sie hatte ihn erledigt, weil er ihr lästig wurde. Ja, so musste es gewesen sein, wieso sonst wäre er in jener Nacht plötzlich verschwunden.

Andreas näherte sich Theklas Wohnung. Ganz automatisch war das passiert, er hatte das Gefühl, die Kontrolle über seine Füße abgegeben zu haben, die liefen einfach von allein in eine bestimmte Richtung. Er begann ernsthaft zu überlegen,

ob er nicht einfach bei ihr klingeln sollte. Er hätte sie gerne vorher angeschrieben, aber er hatte keine Handynummer von ihr ausfindig machen können. So blieb nur das direkte Aufeinandertreffen. Er stoppte und versuchte, einen klaren Gedanken zu fassen.

Klaus Martens hatte sich in seinen Mustang gesetzt und war losgefahren. Eigentlich wollte er einfach nur das Auto ausfahren und so seine Aggression abbauen, war an der Anschlussstelle Leer-Nord auf die Autobahn in Richtung Süden gefahren, um dort ordentlich aufs Gas zu drücken. Doch nachdem er den Emstunnel passiert hatte, entschied er sich anders und nahm die Ausfahrt Jemgum direkt hinter dem Tunnel. Er würde nach Ditzum fahren und dort Fisch essen. Auf der Landstraße dorthin konnte er auch schnell fahren, das machte sowieso mehr Spaß als auf der Autobahn.

Als er durch die kleinen Rheiderländer Ortschaften bretterte, immer im Vertrauen, dass ihn schon keiner der Kollegen erwischen würde, reifte in ihm ein Plan. Die Truppe, der er die Akte besorgt hatte, schien nicht in die Gänge zu kommen, also musste er selbst aktiv werden, wenn er sich für die Sache mit der Dienstaufsichtsbeschwerde rächen wollte. Die Originalakte mit dem Kürzel P lag immer noch in seinem Auto, Wiese hatte er eine Kopie gegeben. Er hatte zunächst nur flüchtig hineingeschaut, sich zuletzt jedoch intensiver damit beschäftigt. Dieser Petersen war verschwunden und Siemens die Letzte gewesen, die Kontakt mit ihm hatte, da musste sich doch was machen lassen. Siemens hatte sich in den Befragungen immer auf ihren Rausch rausgeredet und behauptet, sie könne sich an nichts erinnern. Und war damit durchgekommen.

Er fuhr in den Ort hinein, stellte den Mustang ab, klemmte sich die Akte unter den Arm und machte sich auf den Weg zu seinem Lieblingsrestaurant. Ein großer Teller mit Brataal stand vor seinem geistigen Auge, den würde er sich jetzt gönnen. Dazu ein großes Bier, das half immer beim Denken.

Er öffnete die Tür, grüßte den Wirt und setzte sich mit der Akte an den Tisch. Hier würde er so lange nicht wieder weggehen, bis ihm klar war, wie er in die Sache eingreifen konnte, so viel war klar.

Während ohne ihr Wissen draußen so viele Menschen über ihr Schicksal nachdachten, hatte Thekla erst mal mit Kathrin telefoniert und anschließend an ihren Fällen weitergearbeitet. In ein paar Wochen hatte sie Urlaub und wollte gerne nach Wien, sich dort drei Wochen lang durch die Stadt treiben lassen und all die großartigen Museen besuchen, von denen sie schon so viel gelesen hatte. Bisher war ihr das zu teuer gewesen, doch dieses Jahr sollte es klappen, das hatte sie sich fest vorgenommen.

Sie kontrollierte ihre Mails, nichts von M. Das war hoffentlich ein gutes Zeichen, allerdings war es ja auch erst ein paar Stunden her, dass sie ihm geschrieben hatte. Mit der Kaffeetasse in der Hand trat sie auf ihren kleinen Balkon. Ab dem späten Nachmittag schien hier die Sonne, und sie liebte es, einen Moment innezuhalten und nachzudenken. So wie auch jetzt. Was sollte sie tun, wenn doch eine Antwort käme? Wenn M ihr ein Treffen anbieten würde? Thekla war neugierig, wer sich diese Sache ausgedacht hatte, gleichzeitig aber auch ein wenig ängstlich. Aus den Mails sprach eine gehörige Portion Wut und Voreingenommenheit. Die M-Person hatte offenbar längst entschieden, dass Thekla schuld an allem war, schlimmer noch, sie hielt sie allen Ernstes für eine Mörderin.

M musste in diesem Sommer selbst auf der Insel gewesen sein, oder der Mailschreiber hatte einen verdammt guten Informanten, dachte Thekla. Er hatte Arne vermutlich persönlich gekannt. Das würde auch diese enorme Wut erklären. Sie war im letzten Jahr, als die ersten Mails kamen, drauf und dran gewesen, ihre Position als Polizistin doch zu nutzen und in eigener Sache nachzuforschen, wollte jedoch auf dem Revier nicht zu viel Aufmerksamkeit erregen und hatte diesen Plan wieder aufgegeben, nachdem vonseiten Ms Funkstille herrschte.

Thekla dachte nach. Sie und ihre Freunde hatten einige Bekanntschaften gemacht, als sie auf der Insel waren, und von denen hatten bestimmt auch ein paar mitbekommen, dass Arne und sie einen heißen Flirt miteinander hatten. Aber ihr fiel niemand ein, den das erkennbar gestört hatte. Außer … Thekla ließ fast die Kaffeetasse auf den gefliesten Boden des Balkons fallen. Nein, dachte sie, nein. Das kann doch nicht sein, oder? Gedankenverloren nahm sie einen großen Schluck Kaffee und zuckte zusammen. Herrje, der war immer noch extrem heiß, und sie hatte sich die Zunge verbrüht. Doch sie war sofort wieder von dem kurzen, heftigen Schmerz abgelenkt, da ihr der Gedanke, der sie gerade überfallen hatte, nicht mehr aus dem Kopf gehen wollte.

Das Mail-Symbol auf ihrem Smartphone leuchtete auf. Thekla öffnete das Programm und starrte auf die Nachricht. Sie kam von M und lautete in aller Kürze:

Du hast eine Woche Zeit, um zur Polizei zu gehen und Dich für das, was Du getan hast, zu stellen, MÖRDERIN. Sollte das nicht geschehen, werde ich Dich zur Rechenschaft ziehen.

M atmete schwer. Damit waren sie dann wohl auf der Zielgeraden des Langstreckenlaufs, der vor Weihnachten begonnen hatte. Wie würde Thekla reagieren? M war sich nicht mal sicher, was besser wäre. Wenn Thekla sich stellte, würden sie alle um die Befriedigung gebracht, sie selbst zu konfrontieren. Auf der anderen Seite mussten sie sich auch eingestehen, dass sie Angst vor dieser Konfrontation hatten. Wer konnte schon wissen, was bei einem persönlichen Treffen tatsächlich passieren würde.

M hatte sich einen Kaffee zum Mitnehmen geholt und sich an den Hafen gesetzt. Eigentlich seltsam, dass sie sich nie zufällig über den Weg liefen, so groß war Leer schließlich nicht. Ein Blick aufs Handy, und fast automatisch wanderte der Finger zur Galerie und dort zu dem Ordner, in dem sich die Bilder von damals befanden. Das hier, das sich jetzt wie von Zauberhand öffnete, war ein wichtiges Dokument. Es zeigte einen Schnappschuss aus jenem Juister Sommer:

Markus war darauf zu sehen, daneben einer von Theklas Freunden, Tjark hatte der ihrer Erinnerung nach geheißen. Dann Arne. Ganz rechts Thekla. Und dazwischen sie, Emma.

Ob Thekla wohl mittlerweile eine Idee hatte, wer sich hinter M verbarg? Markus hatte ihr von Beginn an gesagt, dass die Tarnung zu einfach sei und Thekla ganz schnell von M auf Emma schließen würde, aber offenbar war das bisher nicht geschehen.

Sie betrachtete das Foto und dachte an jenen Sommer auf Juist. Von Beginn an hatte sie der hübschen Auricherin die Beziehung zu Arne geneidet. Warum wollte er nichts mehr mit ihr zu tun haben? Sie war weder unattraktiv noch dumm, auf jeden Fall stand sie Thekla in nichts nach. Emma hatte die Liebesgeschichte mit Arne fortzusetzen versucht, hatte alles getan, um seine Aufmerksamkeit zu erregen, hatte ihn angelächelt und nach Themen gesucht, über die sie mit ihm reden konnte. Aber er hatte immer nur Augen für die andere gehabt. Und was hatte es ihm gebracht?

Emma fühlte wieder diese Wut in sich aufsteigen. Sie startete den Bearbeitungsmodus ihres Fotoprogramms und schnitt Thekla rechts aus dem Bild heraus. Sie konnte sich allerdings nicht entschließen, das ursprüngliche Bild ganz zu löschen, und speicherte die Bearbeitung als Kopie. Früher, dachte sie, im Zeitalter der Papierfotos, hätte sie die Konkurrentin einfach abgerissen und weggeschmissen. Sie betrachtete das Foto ohne Thekla, und es fühlte sich gut an.

Emma schrieb Markus eine WhatsApp und Roland eine Mail: *„Habe ihr ein Ultimatum gesetzt. Eine Woche Zeit, um sich zu stellen. Wir sollten uns treffen und die Lage besprechen!"* Die Jungs, sie nannte sie immer noch so, würden nervös werden. Beide waren nur noch halbherzig dabei, das wusste sie. Aber nun musste es zum großen Finale kommen, und sie hatten sich nun mal beide dazu bereit erklärt, bei der Sache mitzumachen.

7. KAPITEL

Das Wiedersehen

Markus schaute auf Emmas Nachricht und rollte mit den Augen. Nun also doch. Die Eskalation. War ja klar, dachte er, so klar, dass Emma das durchziehen würde, um ihren Rachedurst zu stillen und ihr Mütchen zu kühlen. Er war von Anfang an nicht so recht überzeugt gewesen von dieser Idee. Schon damals auf Juist war es ihm im Grunde unvorstellbar gewesen, dass Thekla wirklich an Arnes Verschwinden schuld sein sollte. Sie hatte ein kleines Alkoholproblem, das schon. Und manchmal tat sie offenbar betrunken Dinge, die sie sonst nicht tat. Auch das. Aber jemanden umbringen und ihn dann auch noch so gut verstecken, dass er nie gefunden wurde? Das schien Markus doch sehr unwahrscheinlich. Insofern hoffte er jetzt darauf, dass Thekla sich dafür entscheiden würde, die direkte Begegnung zu suchen, nachdem Emma es ihr nun endlich angeboten hatte. Er hatte auch schon überlegt, sie einfach von sich aus anzusprechen, wollte aber auch Emma nicht in den Rücken fallen, auf die er sich in letzter Zeit wieder Hoffnungen machte. Sie waren vor zwei Jahren mal kurz ein Paar gewesen, doch es hatte nicht so richtig funktioniert. Aber wie pflegte Roland zu sagen: Ihr könnt nicht miteinander, aber auch nicht ohneeinander. Und so lief es in den letzten Monaten wieder darauf hinaus, dass sie es doch noch einmal miteinander versuchen würden. Das konnte er doch jetzt nicht gefährden. Er entschloss sich, Roland anzurufen und die neue Lage mit ihm zu besprechen.

Roland sah auf sein Telefon. Markus' Nummer leuchtete im Display auf, und ihm war klar, worum es gehen würde. Vor einer halben Stunde hatte er die Mail von Emma gelesen und nach dem ersten kurzen Schreck so etwas wie Erleichterung empfunden. Nun würde es also bald vorbei sein. Er musste sich nicht mehr mit dem schrecklichen Martens treffen und auch nicht mehr ständig darüber nachdenken, wie sich das Ganze weiterentwickeln würde. Eine Woche noch, und alle würden wissen, woran sie waren. Er nahm den Anruf an.

    Nach einem kurzen Gespräch waren Roland und Markus sich einig, dass sie sich weiterhin im Hintergrund halten und Emma entscheiden lassen würden, was passieren sollte. Sie hatte die ganze Sache angestoßen, dann sollte sie in der entscheidenden Phase auch federführend bleiben.

Während Markus und Roland telefonierten, während Emma weiterhin auf den Hafen hinausblickte und versuchte, sich die Geschehnisse der nächsten Tage vorzustellen, während Klaus Martens einen Entschluss gefasst hatte und auf dem Rückweg von Ditzum nach Leer war, während all das passierte, wurde an einer Wohnungstür in der Nähe des Leeraner Klinikums ein Klingelknopf gedrückt.

Die Klingel. Thekla wunderte sich. Sie erwartete niemanden und hatte auch nichts bestellt, sodass vielleicht irgendein Paketbote an der Tür klingeln könnte. Sie drückte auf den Summer, um unten die Haustür zu öffnen. Sie wartete einen Moment und wunderte sich, dass niemand an der Wohnungstür klingelte. Sie wohnte zwar im zweiten Stock, doch dauerte es normalerweise nicht so lange, dorthin zu gelangen.

Andreas Petermeyer hatte sich ein Herz gefasst, war zur Eingangstür des Hauses gelaufen und hatte auf den Klingelschildern nach ihrem Namen gesucht. Da war sie: „T. Siemens" stand dort in kleinen Lettern. Er zitterte, als er den Klingelknopf drückte. Sein Herz schlug ihm bis zum Hals, und er fühlte erneut einen Schweißausbruch kommen. Dann der Summer. Sie war daheim und hatte die erste von zwei Türen, die noch zwischen ihnen und ihrem Wiedersehen standen, geöffnet.

Er betrat den Hausflur und schaute auf die Klingelschilder im Erdgeschoss. Keine Thekla Siemens. Im ersten Stock das Gleiche. Doch dann, auf der zweiten Etage, sah er es. Er hatte ihre Wohnung gefunden und musste nur noch den zweiten Klingelknopf drücken.

Andreas zögerte einen langen Moment, nahm sich dann jedoch ein Herz und berührte vorsichtig den Knopf zu Himmel oder Hölle, wie es ihm in diesem Moment vorkam.

Da war das Klingeln. Thekla bedauerte einen Moment, dass sie keinen Türspion hatte, bei überraschenden Besuchen war das manchmal doch von Vorteil. Sie legte die Türkette vor und öffnete die Tür einen Spalt, um zu sehen, wer dort stand. Die Kette war wichtig, im letzten Monat war hier im Haus ein Bewohner überfallen worden, und Thekla hatte keine Lust auf derlei negative Überraschungen. Sie schaute durch den Spalt auf den Flur hinaus und erstarrte.

Andreas hörte, wie in der Wohnung jemand zur Tür kam und von innen zunächst eine Kette vorlegte. Dann öffnete sich die Tür ein wenig, und das Gesicht einer Frau kam zum Vorschein, in der er innerhalb von Sekundenbruchteilen das hübsche Mädchen wiedererkannte, mit dem er auf Juist so schöne Tage verbracht hatte.

„Hallo Thekla", sagte er mit dünner Stimme, „ich bin's, Arne."

Klaus Martens hatte noch aus dem Auto heraus versucht, Roland Wiese anzurufen. Blöderweise ging der Bücherwurm, wie Martens ihn getauft hatte, nicht ans Telefon. Das machte Martens fuchsteufelswild, und er prügelte den Mustang über die Landstraße, ohne auf andere Verkehrsteilnehmer zu achten oder irgendeine Geschwindigkeitsbeschränkung einzuhalten.

Drei Bier hatte er auf den fetten Brataal gekippt und war trotzdem zu keiner wirklich befriedigenden Lösung gekommen. Er musste Wiese erreichen, um zu erfahren, was dieser oder diese M denn nun geplant hatte. Leider ging der auch nach dem dritten Versuch nicht ans Telefon, und Martens entschied sich, zunächst in die Dienststelle zu fahren, um dort an einigen anderen Fällen weiterzuarbeiten, die seit geraumer Zeit auf seinem Schreibtisch lagen.

Er mäßigte seinen Fahrstil etwas, als er wieder nach Leer hineinfuhr, und parkte den Wagen schließlich auf seinem Stammparkplatz beim Polizeigebäude am Hafenkopf von Leer. Seit geraumer Zeit sollte hier groß umgebaut werden, doch immer noch standen nur Bauzäune in der Gegend herum, die Stahlpreise waren schuld, wie man hörte, ein Weiterbau derzeit unkalkulierbar. Seit Corona und dem Krieg in der Ukraine schien in vielen Bereichen das Leben zum Stillstand gekommen zu sein, dachte Martens. Was für eine verrückte Welt, in der er sich nicht mehr wirklich wohlfühlte.

Er grüßte den Kollegen am Eingang und wollte schon direkt in den Fahrstuhl, um zu seinem Zimmer zu gelangen, als dieser ihm hinterherrief: „Hey, Klaus, warte!"

Martens drehte sich um und grummelte: „Was ist? Ich hab zu tun!"

„Ja, bestimmt", grinste der Kollege, und Martens sah ihm an, dass er ihm nicht glaubte. „Aber bevor du irgendwas tust, sollst du deinen Hintern zum Chef bewegen. Will was mit dir besprechen, und er klang irgendwie sauer."

Martens runzelte die Stirn, aber entschied sich dann doch, den Gang zum Chef anzutreten. Der konnte verdammt unangenehm werden, wenn man ihn warten ließ. Und das war selbst für das dicke Fell eines Klaus Martens gefährlich. Er klopfte an die Tür, und die Sekretärin winkte ihn direkt durch. „Er erwartet Sie ..."

Zwanzig Minuten später kam Klaus Martens kreidebleich aus dem Büro seines Chefs. Hatte der doch glatt mitbekommen, dass er die Akte „P" entwendet hatte, und ihm eine ganz

schöne Standpauke gehalten. Auch das Wort Disziplinarverfahren war gefallen. Innerlich kochte er, hatte er doch gerade eben erst noch darüber nachgedacht, Siemens übel mitzuspielen. Doch er wusste, dass es für ihn besser sein würde, ab sofort die Vergangenheit auf sich beruhen zu lassen, und versuchte, sich einzureden, dass es am Ende doch sowieso niemanden interessierte, wer die Leute früher waren. Dieser Petersen war längst zu Staub zerfallen, und Siemens … Er schnaubte verächtlich. Sollte sie doch so tun, als sei sie eine tolle Polizistin. Er würde sich einfach gar nicht mehr mit ihr befassen und sie künftig auch in der Kaffeerösterei links liegen lassen. Was zählte, war das Hier und Jetzt.

Thekla stand wie vom Donner gerührt in der Tür. Wenn jemals der Spruch von den Gesichtszügen, die entgleisen, eine Bedeutung hatte, dann wohl in diesem Moment. Arne grinste ein wenig schief und sagte: „Ich bin's wirklich, und ich komme in friedlicher Absicht. Wir können uns auch durch den Türspalt unterhalten, wenn dir das lieber ist. Ganz wie du magst."

Langsam, ganz langsam kam wieder Leben in Thekla, die mit zitternden Fingern versuchte, die Türkette zu entriegeln, und dafür eine gefühlte Ewigkeit brauchte. Schließlich gelang es ihr, und sie öffnete die Tür weiter. Fassungslos sah sie Arne an: „Ich weiß nicht, was ich sagen soll. Komm erst mal rein."

Arne betrat die Wohnung und blieb unentschlossen im Flur stehen. Beiden war die Überforderung anzumerken, und ein Gefühl irgendwo zwischen Schock und vorsichtiger Neugierde stand ihnen ins Gesicht geschrieben.

Thekla zeigte zur Küche. „Setz dich. Kaffee?"

Noch bevor er antworten konnte, schaute sie ihn an und sagte mit etwas zu lauter Stimme: „Wo zur Hölle kommst du plötzlich her, und was willst du von mir? Weißt du eigentlich, was du mit meinem Leben und mit dem einiger anderer Menschen angestellt hast?" Sie merkte, wie die Überraschung des ersten Augenblicks langsam von ihr wich und Wut in ihr aufstieg. Was war das nur für eine Nummer, die Arne hier abzog? Sie sah ihn herausfordernd an.

„Thee ..." Zumindest wirkte er einigermaßen kleinlaut. „Ich bin aufgeregt, und ich verstehe, dass mein Erscheinen aus dem Nichts dich quasi aus den Latschen haut. Aber jetzt beruhige dich doch trotzdem ein wenig. Ich nehme gerne einen Kaffee."

Thekla verstummte und sah ihn an, während sie nach der Kaffeekanne griff und den Filter ihrer Maschine mit Kaffeepulver füllte. Es entstand eine Stille, die einen schier endlosen Moment andauerte. Schließlich ging sie auf ihn zu und lächelte ihn an. „Das ist ja ganz schön mutig von dir, hier wieder aufzutauchen nach all der Zeit und all dem Chaos, das du ausgelöst hast."

„Damals habe ich nicht darüber nachgedacht, aber mit den Jahren ist es mir immer klarer geworden." Arne sah sie mit einem Blick an, der aus einer Mischung von Unterwürfigkeit und Herausforderung zu bestehen schien. „Aber wie du siehst, habe ich mir ein Herz gefasst und will versuchen, alles wieder geradezurücken. Bei meinen Freunden, bei meinen Eltern, aber vor allem auch bei dir, Thee."

„Bei mir?" Thekla sah ihn mit einem prüfenden Blick an. „Du glaubst, ich nehme dich hier einfach so mit offenen Armen wieder auf und tue so, als sei nichts passiert?" Sie runzelte die Stirn und rollte mit den Augen. Arne hatte eine Art Dackelblick im Gesicht, den sie in jenem Sommer nicht von ihm gekannt hatte. Offenbar war es seine Strategie, sich bei ihr einzuschmeicheln und nahtlos an ihre Liebelei auf Juist anzuknüpfen.

„Ich habe gehofft, dir alles erklären zu können, damit du mir vergibst." Und dann erzählte er.

Er habe Panik bekommen, nach seiner Rückkehr aufs Festland in den elterlichen Betrieb einsteigen zu müssen, weil sein Vater einfach nicht mit sich reden lassen wollte und es ständig Streit gegeben habe. Das sei ihm alles zu viel gewesen, er habe sich aber auch nicht einfach durchsetzen und etwas anderes machen können. Er habe Angst gehabt, einzuknicken und einen Weg einzuschlagen, den er einfach nicht gehen wollte. „Diese Gedanken kreisten während der Zeit auf Juist in meinem Kopf, und schließlich gab es nur noch einen Gedanken: Ich muss komplett von der Bildfläche verschwinden. Wenn es mich nicht mehr gibt, kann mir auch niemand etwas aufzwingen." Er schluckte vernehmlich. „Heute weiß ich, dass das eine völlig verrückte Idee war, aber damals schien mir das die einzige Möglichkeit."

Seine Überzeugung, dass es eines gewagten Manövers bedurfte, so berichtete er Thekla, sei von Minute zu Minute größer geworden. Und je länger er nachgedacht habe, desto tiefer sei er in eine Art Wahn verfallen, ganz verschwinden zu müssen. Arne Petersen auszulöschen und sich woanders neu zu erfinden.

„Ich habe mich regelrecht in diese Idee hineingesteigert, weißt du? Ich wollte den perfekten Abgang, und dafür, das war mir am Ende meiner Überlegungen klar, dafür brauchte ich unter anderem dich." Er stockte einen Moment, und Thekla bemerkte einen schmerzvollen Ausdruck auf seinem Gesicht. „Heute tut mir das alles total leid, Thekla, ich muss eine Menge Chaos ausgelöst haben, und sicher war es für dich weder einfach, der Polizei Rede und Antwort stehen zu müssen, noch, mich genauso schnell wieder zu verlieren, wie wir uns vorher kennengelernt haben."

„Aber wie bist du dann weggekommen?" Thekla hatte ihm zugehört und schwankte zwischen Erstaunen und Ärger darüber, dass Arne diese Nummer so konsequent durchgezogen hatte.

„Nun, mein Plan war auf jeden Fall, dich so betrunken zu machen, dass du am nächsten Tag nicht mehr so richtig wissen würdest, was in der Nacht zuvor geschehen ist. Du solltest nur noch wissen, dass wir zusammen feiern waren und Richtung Strand gegangen sind. Und das scheint ja auch genau so geklappt zu haben. Wir sind ein Stück in die Dünen, so ganz am Rand. Du warst total hinüber vom Alkohol, und mir war klar, dass du die Dinge nicht mehr richtig zusammenbringen würdest. Du hast auch nicht bemerkt, dass ich mir eine kleine Wunde zugefügt hatte, um etwas Blut an deine Kleidung zu bringen. Dann bin ich einfach weg und habe mich versteckt, bis es spät genug war, dass ich ungesehen runter zum Hafen konnte. Dort wartete ein guter Bekannter von mir mit einem kleinen Motorboot, der hat mich mitten in der Nacht aufs Festland rübergefahren und auch dafür gesorgt, dass ich dort abgeholt wurde. Mit dem Auto ging's dann weiter bis nach Berlin, wo ich mich eine Weile versteckt habe, um gefälschte Ausweispapiere zu bekommen. Auf den Namen Andreas Petermeyer, so heiße ich nämlich aktuell." Er machte eine kleine

Pause und sagte dann: „Wer wir früher waren, sollte uns doch nicht kaputt machen müssen, wer wir heute sein könnten. Deshalb sitze ich hier bei dir."

Große Worte, dachte Thekla und spürte eine leichte Verunsicherung. Sie schwieg einen langen Moment, nippte an ihrer Kaffeetasse und ging aus dem Zimmer. Arne rührte sich nicht vom Fleck. Kurze Zeit später kehrte sie zurück. „Ich denke, es ist besser, wenn du jetzt erst mal wieder gehst. Ich muss nachdenken. Gib mir bitte deine Handynummer, ich melde mich dann bei dir."

Arne nickte, schrieb seine Nummer auf einen Zettel und wollte noch etwas sagen.

„Geh bitte jetzt", kam Thekla ihm zuvor, „für diesen Moment ist alles gesagt."

Arne setzte noch einmal den besten Dackelblick auf, der möglich war, ging jedoch dann wortlos zur Tür und verließ die Wohnung.

Thekla nahm ihr Handy zur Hand und rief Kathrin an. Nach zweimaligem Klingeln meldete sich ihre Freundin. „Hallo Thee, was gibt's Neues?"

„Das werde ich dir gleich erzählen. Sitzt du gut?" Und dann berichtete sie Kathrin, was gerade passiert war.

Nachdem sie das Gespräch beendet hatte, wählte sie eine andere Nummer, sprach ein paar Minuten mit dem Teilnehmer am anderen Ende und legte schließlich mit einem zufriedenen Lächeln auf.

8. KAPITEL

Wer man früher war

Arne verließ das Haus und trat auf die Straße hinaus. Er horchte in sich hinein. Das war doch den Umständen entsprechend gar nicht so schlecht gelaufen. Sie war ruhig geblieben, hatte ihn nicht sofort rausgeschmissen oder angeschrien. Vielleicht ging da wirklich noch was. Er würde abwarten, was passierte, und sich bis dahin überlegen, wie er seinen Eltern gegenübertreten würde. Das war ein Schritt, der ihm sehr im Magen lag, aber den er wohl oder übel gehen musste. Er wusste, dass die beiden das Hotel immer noch führten und mittlerweile auch recht erfolgreich mit ihrem Spezialitätenhandel waren. Nach wie vor würde er sich weigern, in den Betrieb einzusteigen

und die Nachfolge seiner Eltern anzutreten. Allerdings würden die das wohl auch nach den letzten Jahren gar nicht mehr wollen. Er war gespannt, wie seine Rückkehr dort ablaufen würde. Doch das hatte Zeit, zunächst wollte er Theklas Reaktion abwarten.

Thekla verließ nach ihren beiden Telefonaten das Haus, um sich einen Cappuccino in der Rösterei zu gönnen und noch ein wenig darüber nachzudenken, doch die Idee, auf die sie gemeinsam mit Kathrin gekommen war, gefiel ihr mehr und mehr. Bei Baum angekommen, bestellte sie das Übliche, hielt einen kurzen Plausch mit Jered und Noel, die heute im Service arbeiteten, und nahm schließlich ihr Telefon zur Hand, um Arne eine Nachricht zu hinterlassen.

Lieber Arne, Dein plötzliches Auftauchen hat mich ziemlich umgehauen. Ich muss meine Gedanken sortieren, deshalb habe ich Dich auch direkt wieder weggeschickt. Das war einfach zu viel in dem Moment. Aber ich kann mir vorstellen, Dir eine Chance zu geben, mir zu zeigen, dass Du es ernst meinst mit der Vergangenheitsbewältigung. Ich melde mich wieder bei Dir. Thee

Emma war unruhig. Sie hatte sich mit Markus und Roland getroffen, und gemeinsam hatten sie hin und her überlegt, was sie tun sollten, wenn Thekla eine Entscheidung getroffen hatte. Allerdings hatte keiner eine vernünftige Idee gehabt. „Wir können sie ja schlecht auch auf irgend'ne Düne schleppen und da verbuddeln", hatte Markus in seiner typischen ironischen Art gesagt, und Roland hatte ihn einen Moment lang angeschaut, als ob er der Überzeugung sei, dass Markus genau das vorschlagen wollte.

„So oder so, sie muss zur Polizei", hatte Emma gesagt, „und wenn sie sich nicht von allein stellt, werden wir sie zwingen, indem wir allen erzählen, was sie für eine ist. Eine Mörderin!"

Roland hatte die Augen verdreht, weil er ihr schon mehrfach erklärt hatte, dass hier von Mord wahrscheinlich ohnehin keine Rede sein konnte. Wo war der Vorsatz, wo die niederen Motive? Wie sollte man Thekla das nach all der Zeit nachweisen?

Aber Emma hatte sich komplett in ihre Mörderinnentheorie verrannt, da war nichts zu machen. Also fügten er und Markus sich und stimmten zu, dass man Thee auf jeden Fall dazu zwingen musste, zur Polizei zu gehen, wenn sie es nicht von allein tat. Sie hatte noch einmal versucht, den Jungs deutlich zu machen, warum all das hier nötig war. War es nicht so gewesen, dass die Polizei damals gegen Thekla als Hauptverdächtige ermittelt hatte, weil mehrere Indizien auf sie als Täterin hindeuteten? Sogar Arnes Blut hatten sie an ihrer Kleidung gefunden. Es konnte doch nur so gewesen sein, dass sie ihn umgebracht hatte. Weil er ihr am Ende doch nicht geben wollte, was sie sich erhoffte, und sie deshalb in Streit geraten waren. Vom Alkohol enthemmt, musste sie dann außer Kontrolle geraten sein, ihn getötet und die Leiche irgendwo in den Dünen verbuddelt haben.

Emma schaute missmutig auf ihr Handy und schien es hypnotisieren zu wollen, damit die gewünschte Nachricht erschien. Doch das Gerät blieb stumm.

Sie hatte gerade beschlossen, Markus und Roland zu verabschieden, um ihre schlechte Laune allein auszuleben, als ihr

Smartphone sich doch noch rührte. Sie schaute auf das Display und sagte: „Stopp, Jungs. Hiergeblieben. Es wird spannend. Ich glaube, wir haben sie am Haken. Hört her ..."

Moin M,
ich bin sehr froh, dass wir nun endlich die Gelegenheit wahrnehmen können, uns zu treffen, damit ich Dir alles erklären kann und Du verstehst, was damals passiert ist. Ich denke, damit wir dabei in die richtige Stimmung kommen, sollten wir dieses Treffen auf Juist stattfinden lassen. Immerhin ist das der Ort, um den es uns doch beiden geht. Kennst Du das Café del mar? Ein schöner Ort mit gutem Essen, und ideal für ein klärendes Gespräch. Was hältst Du von einem Termin in drei Tagen, vielleicht um 20 Uhr? Mit den Schnellfähren ist es ja auch kein Problem mehr, flexibel hin und her zu kommen.

„Und", sagte Markus, „gehst du dort allein hin, oder sollen wir als Bodyguards mitkommen?" Er grinste, und Emma ärgerte sich, dass er die ganze Sache nicht einmal jetzt wirklich ernst zu nehmen schien. Roland sagte gar nichts, sondern runzelte die Stirn. Irgendetwas an dieser Nachricht von Thekla irritierte ihn, aber er wusste nicht genau, was.

„Wenn ihr beide tatsächlich einen Arsch in der Hose hättet, würdet ihr mitkommen. Aber so wie ich euch kenne, verpisst ihr euch lieber und lasst mich das allein regeln ..." Ihre Augen funkelten wütend, und sowohl Markus als auch Roland wussten, dass mit Emma nicht gut Kirschen essen war, wenn sie in derartige Gossensprache abglitt.

„Stay cool, Madame M", grinste Markus, „wir kommen mit und beschützen dich, falls Thekla dich bei lebendigem Leib auffressen will."

Roland schaute ihn an. „Schön, dass du mal wieder die Entscheidungen für mich mit triffst. Vielleicht will ich ja gar nicht mit?"

„Dann bleib halt hier und verbuddel dich in deinem Archiv", zischte Emma, und aus Markus' Grinsen wurde ein Lachen.

„Komm schon, das wirst du dir doch nicht entgehen lassen. High Noon auf Juist, endlich Gerechtigkeit im Falle P!"

„Na gut ..." Roland musste sich eingestehen, dass er durchaus neugierig war, wie diese irre Sache ausgehen würde. Würde Emma Thekla wirklich dazu zwingen können, sich eines Mordes schuldig zu bekennen, den niemand beweisen konnte? Und was würde dann passieren? Musste die Polizei nicht trotzdem eindeutige Beweise vorlegen können? Oder reichte ein Geständnis? Roland schaute gelegentlich Krimis im Fernsehen und las auch welche, aber an einen vergleichbaren Fall konnte er sich nicht erinnern.

Emma tippte bereits eine Nachricht in ihr Handy:

Abgemacht! Das Café del mar kenne ich nicht, aber es wird sich ja finden lassen. In drei Tagen auf Juist. 20 Uhr ist o.k. Wir SEHEN uns!

Sie schaute Roland und Markus an. „Kommt mit oder auch nicht, mir egal. Ich werde dort sein und sie leiden lassen!"

9. KAPITEL

Finale auf Juist

Arne wurde langsam ein wenig nervös. Hatte Thee ihn nur loswerden wollen und ihr Interesse an einer neuerlichen Begegnung vorgetäuscht? Er hatte sich ein Zimmer in einem kleinen Hotel in der Leeraner Innenstadt genommen, denn bis zum Abend hatte sie sich nach ihrer ersten Nachricht nicht wieder hören lassen. Dabei war er sich absolut sicher gewesen, dass er mit seinem Auftritt bei ihr hatte landen können. Er beschloss, sich ein Café zu suchen und sich ein ausgiebiges Frühstück zu gönnen. Wenn sie sich nicht meldete, konnte er ja immer noch erneut zu ihrer Wohnung gehen und sie aufsuchen. Wobei das schon etwas von Stalking hätte, aber darüber wollte er erst mal nicht nachdenken.

Thekla verließ das Polizeigebäude, wo sie sich gerade mit einer Kollegin getroffen hatte. Sie hatte sich den Rest der Woche freigenommen, denn diese Tage würde sie brauchen, um ihr Vorhaben in die Tat umzusetzen. Ein Ticket für die Schnellfähre nach Juist hatte sie bereits online gebucht, sodass alles vorbereitet schien. Nun musste sie nur noch Arne schreiben, den sie bewusst bis heute hatte zappeln lassen. Das geschah ihm recht.

Thekla tippte eine Nachricht in ihr Handy:

Hallo Arne, ich habe etwas überlegen müssen und bin nun zu einem Entschluss gekommen. Ich würde gerne noch einmal mit Dir nach Juist fahren, um zu schauen, ob es sich wieder gut anfühlen könnte, mit Dir dort zu sein. Was hältst Du davon, wenn wir beide übermorgen mit dem Schnellboot auf die Insel fahren und uns dort gemeinsam ein wenig den Wind um die Nase wehen lassen? Antworte schnell!

Eine Nachricht. Von ihr. Endlich. Arnes Laune besserte sich schlagartig, denn er war sich sicher, dass sie ihn sehen wollte. Er las und machte große Augen. Wow, sie ging aufs Ganze. Juist. Back to the roots sozusagen. Aber warum nicht, er verspürte eine angenehme Anspannung und bemerkte, dass sich eine leichte Gänsehaut auf seinem Arm gebildet hatte. Er nahm sein Handy und tippte als Antwort kurz und knapp:

Hey, das finde ich eine tolle Idee, das machen wir! Sag mir, wo und wann wir uns zur Überfahrt treffen, und ich werde dort sein!

Eine Minute später erreichte ihn Theklas Antwort:

Perfekt! Wir treffen uns übermorgen direkt in Norddeich am Anleger der Schnellfähre. Um 14:15 ist Abfahrt. Freu mich!

Sie waren gerade mit der Fähre angekommen, standen gemeinsam am Hafen von Juist und genossen die frische Inselluft. Thekla hatte sich entschieden, Kathrin mitzunehmen, sodass sie jetzt zu dritt auf der Insel angelandet waren.

Kathrin war aus allen Wolken gefallen, als Thekla ihr von Arnes unverhoffter Wiederauferstehung berichtet hatte, hatte sich aber entschlossen, ihrer Freundin einfach zu vertrauen. Gemeinsam hatten sie sich dann einen Plan überlegt, der hoffentlich funktionieren würde. Thee war schon immer speziell gewesen, und auch wenn Kathrin die ganze Sache ein wenig gewagt fand, war sie sich sicher, dass Thee sich gut überlegt hatte, so vorzugehen, wie sie es jetzt tat. Außerdem musste sie sich eingestehen, dass sie sehr fasziniert von der Wendung war, die diese Geschichte plötzlich nahm.

Thekla freute sich. Sie wollte mit Kathrin noch einige Tage länger auf Juist bleiben, wenn alles erledigt war. Sie hatten eine schöne Ferienwohnung in der Villa Germania ergattert und freuten sich auf den Aufenthalt dort. Für die Stunden bis zum Treffen am Abend hatten sie beschlossen, die Restaurants und Cafés im Ortskern zu meiden und stattdessen einen ausgedehnten Strandspaziergang zu unternehmen. Auf diese Weise würde Arne auch das Gefühl bekommen, dass die Annäherung klappen würde, wie er sich das vorstellte. Dass Kathrin dabei war, sollte ihn nicht wundern, immerhin war es ja für Thekla ein gewagter Schritt, sich wieder auf ihn einzulassen, da war eine Freundin als Absicherung doch eine ganz normale Sache.

Sie wollten nicht riskieren, dass irgendjemand Arne erkannte, daher trug er, seit er die Fähre betreten hatte, eine dunkle Sonnenbrille und eine tief ins Gesicht gezogene Basecap zur Tarnung.

Sie schlenderten am Kurplatz mit der Konzertmuschel entlang die Strandstraße hinauf. Rechter Hand erhob sich das mächtige Gebäude des Friesenhofs, und Arne schauderte es etwas, als sie dort vorbeiliefen. Er beschleunigte seine Schritte, bis sie die Kreuzung beim Rathaus überquert und den letzten Teil der Strandstraße zur Promenade beim Kurhaus-Hotel erreicht hatten.

Als sie beim Kurhaus-Hotel die Promenade betraten, öffnete sich ihnen der Blick auf die Nordsee. Alle drei atmeten tief durch. „Nordsee ist Mordsee", grinste Thekla. „Vermutlich haben einige Leute angenommen, ich hätte dich damals einfach im Wasser versenkt. Irgendwo draußen mit einem schweren Stein an den Fuß gebunden. So ganz mafiamäßig."

Arne grinste auch und versuchte, den Arm um sie zu legen, doch Thekla entzog sich seiner Annäherung und nahm Kurs auf den Strandabgang beim Kurhotel. „Auf geht's!", rief sie. „Gehen wir runter zum Strand!"

Freitag. Tag der Entscheidung. Emma hatte kaum geschlafen, immer wieder ging sie in Gedanken die kommende Begegnung mit Thekla durch. Es war ein öffentlicher Ort, schlau gewählt. So konnte sie nicht allzu laut werden und musste ihre Argumente ruhig und gelassen vortragen. Aber das würde sie

hinbekommen. Selbstbeherrschung war ihr zweiter Vorname, wenn sie wollte.

Sie hatten die Schnellfähre um 16 Uhr genommen und waren schon eine knappe halbe Stunde später auf der Insel gewesen. Wirklich praktisch, dachte sie, nicht mehr auf die tideabhängigen Fähren angewiesen zu sein.

Als sie in den Ort hineinliefen, strömten die Erinnerungen auf sie ein. Der Kurplatz. Der Friesenhof. Links ging es die Billstraße hinunter zu Theklas damaliger Ferienwohnung. Geradeaus erstreckte sich die Strandstraße. Juist war eine Insel der kurzen Wege, vom Hafen bis zum Strand brauchte man zu Fuß keine fünf Minuten, wenn man flott ging. Im Ortskern lag auch alles dicht beieinander. Nur in ihrer Längenausdehnung war die Insel herausfordernd. Wer zur Bill, dem Westende, oder zum Kalfamer, dem Ostende, wollte, musste ein wenig Zeit mitbringen. Dafür hatte man dort dann die pure Natur und absolute Tiefenentspannung.

Entspannt fühlte Emma sich gleichwohl gerade nicht. Sie schaute Roland und Markus an. „Lasst uns zur Promenade hochlaufen. Irgendwo da muss dieser Laden sein. Ich will es einmal vor heute Abend gesehen haben."

Sie machten sich auf den Weg, gingen jedoch nicht die Strandstraße hoch, sondern bogen beim Kurplatz rechts ab in Richtung der evangelischen Kirche und nahmen den steilen Aufstieg zur Promenade entlang des Meerwasser-Erlebnisbads, um auf Höhe der traditionsreichen Strandhalle auf der Promenade anzukommen.

„Hier hat Arne doch immer gesessen und mit Blick aufs Meer sein Bierchen geschlürft", erinnerte Markus sich. „Kann eigentlich nicht weit sein bis zu diesem Café."

Sie wandten sich nach rechts, und je näher sie dem Ort des Geschehens kamen, desto stiller wurden sie. Emma wurde klar, dass Thee sie absichtlich hierhin gelotst hatte. Dieses Miststück! Dass sie sich das traute. Ganz in der Nähe jenes Ortes, an dem das ganze Drama sich abgespielt haben musste. Hier war Arne verschwunden.

„Respekt", murmelte Markus. „Respekt. Sinn fürs Dramatische hat sie ja, die Thekla!"

Kathrin schaute auf die Uhr. 19:30 Uhr. Für 20 Uhr hatten sie einen Tisch reserviert, so langsam sollten sie hochgehen, um vor Emma da zu sein.

„Lass uns losgehen, Thee!", rief sie. „Der Moment ist nah ..." Thekla kam aus der Tür, und Kathrin schaute sie an. „Das ist ein hübsches Sommerkleid. Gefällt mir."

Thekla lächelte. „Ja, mir gefällt es auch. Und was viel wichtiger ist, es sieht fast genauso aus wie das Kleid, das ich damals an jenem Abend getragen habe."

„Dann nehme ich an, dein Outfit ist auch an die damalige Optik angelehnt?", sagte Kathrin mit Blick auf Arne, der ebenfalls in der Tür aufgetaucht war.

„Das ist es", sagte er. „Lasst uns starten."

Beim Café del mar angekommen, nahmen Thekla und Kathrin ihre Plätze ein und bestellten ein paar Tapas zur Stärkung. Arne sollte sich auf der Promenade aufhalten und erst dazustoßen, wenn M vor Ort war.

Kurz vor 20 Uhr schaute Thekla zum Eingang und flüsterte Kathrin zu: „Ich werd' verrückt... Das ist Emma. Eine aus Arnes Truppe von damals, die in ihn verschossen war und uns immer ganz neidisch angeschaut hat. Und, noch viel besser, sie hat die Jungs von damals dabei. Unverkennbar, Roland und Markus. Na, das wird ja ein Fest!"

Emma hatte sie nun auch erblickt und runzelte die Stirn. Wieso war Thekla nicht allein? Die Frau, die bei ihr saß, kannte sie nicht, eine Freundin vielleicht, als moralische Unterstützung. Egal, dachte Emma, ich ziehe das jetzt trotzdem durch.

Sie gingen auf den Tisch zu. „Da bist du ja. Oder besser gesagt: Da seid ihr ja. Wer auch immer deine Begleitung ist und warum du ohne Absprache jemanden mitgebracht hast."

Thekla wusste, dass sie Emma gerade zur Weißglut trieb, und es machte ihr riesigen Spaß.

„Setzt euch doch, die Tapas sind ganz hervorragend hier! Und nebenbei bemerkt bist du ja auch nicht allein. Ich hätte wirklich drauf kommen können, dass du M sein musst, aber manchmal sieht man ja die naheliegenden Dinge erst recht nicht."

Emma, Roland und Markus setzten sich, und es platzte aus Emma heraus: „Du hast ja vielleicht Nerven. Ganz in der Nähe der Schirmbar, da seid ihr gewesen, bevor ..." Ihre Stimme versagte einen Moment, doch sie fing sich. „Bevor du dafür gesorgt hast, dass der Mann, den ich wollte, nie mehr wiederkommen würde. Dafür wirst du jetzt bezahlen."

Thekla schaute sie lange und sehr ruhig an. „Bezahlen werde ich heute Abend, stimmt. Aber nur die Rechnung hier im Café. Ansonsten empfehle ich dir, dich einfach mal umzudrehen und zum Eingang zu schauen."

Emma warf Thekla einen feindseligen Blick zu und fragte sich, was das sollte, doch dann drehte sie sich um. Roland und Markus folgten ihrem Blick. Alle drei erstarrten.

Arne schlenderte langsam auf den Tisch zu. Nahm die Basecap vom Kopf. Setzte die Sonnenbrille ab. Die Sonne schien mit den letzten Strahlen des Tages genau in sein Gesicht, als er sagte: „Guten Abend, Emma. Schön, dich zu sehen. Du scheinst mir immer noch die Gleiche zu sein, die du früher warst."

Selbstsicher setzte er sich Emma direkt gegenüber und ignorierte die Blicke der Männer. „Thee hat mir erzählt, dass jemand sie damit unter Druck setzt, sie habe mich umgebracht. Wie du siehst, bin ich quicklebendig, und deine ganze Aktion hat sich erledigt." Er grinste siegessicher. „Ach ja, übrigens, Thee und ich verstehen uns ganz hervorragend!"

Alle schauten nun Thekla an, die in ihrer Tasche kramte. Schließlich hatte sie gefunden, was sie suchte. Sie stand auf und trat hinter Arne. Mit einer raschen Bewegung zog sie ihm die Arme nach hinten und legte ihm die Handschellen an, die sie gerade unauffällig aus ihrer Tasche genommen hatte. „Arne Petersen oder Andreas Petermeyer, wie auch immer Sie heißen mögen, Sie sind hiermit offiziell festgenommen wegen des Tatverdachts auf Vortäuschung einer Straftat. Ich werde Sie nun den Kollegen der Auricher Polizei übergeben, die vor dem Café warten."

Arne bewegte sich nicht, wie vom Donner gerührt saß er auf seinem Stuhl und ließ seinen nervösen Blick von einem zum anderen gleiten. Schließlich drehte er seinen Kopf und schaute Thekla an. „Das kann nicht dein Ernst sein, Thee, ich wollte doch, dass wir neu anfangen, das musst du mir glauben!"

Thekla kam dicht mir ihrem Gesicht an seines heran. „Hast du wirklich geglaubt, mit der Nummer durchzukommen? Einfach hier aufzutauchen, mir Honig ums Maul zu schmieren

und wieder bei mir zu landen? Für wie blöd hältst du mich eigentlich? Tatsächlich hast du selbst dich mir auf dem Silbertablett präsentiert, damit ich dich endlich für damals zur Rechenschaft ziehen kann. Und als Polizistin kann ich das ganz offiziell hier an Ort und Stelle selbst erledigen."

Thekla zog ihn hoch und schickte sich an, ihn zu den Kollegen zu führen, die sich am Eingang des Café del mar positioniert hatten. In diesem Moment kehrte Leben in Emma zurück, die ebenfalls erstarrt gewesen war. Sie stand auf, ging um den Tisch herum und gab Arne eine schallende Ohrfeige. „Du bist ein schrecklicher Mensch! Jahrelang habe ich geglaubt, Thekla hätte dich umgebracht, und wollte sie nun auch noch dafür bestrafen. Und in Wirklichkeit hast du ein perfides Possenspiel abgezogen? Du solltest dich schämen!"

Sie schaute Thekla an. „Es tut mir leid, Thekla, meine Gefühle waren vollkommen außer Kontrolle, und ich wollte dich zur Rechenschaft ziehen. Für etwas, bei dem du selbst das Opfer bist, wie ich nun sehen muss. Ich hoffe, du kannst mir verzeihen!"

Thekla sah sie milde an. „Jetzt ist erst mal wichtig, dass dieses unwürdige Schauspiel ein Ende gefunden hat und wir alle mit der Geschichte von damals abschließen können. Ich übergebe Arne jetzt an die Kollegen. Und dann reden wir gleich bei ein paar Tapas und einem Glas Wein darüber, wer wir früher waren und was das Leben aus uns gemacht hat."

DIE BILDER

S. 6/7: Kaffeerösterei Baum in Leer, Blick in die Fußgängerzone
S. 8: Kaffeerösterei Baum in Leer, Thekenansicht mit Barista
S. 11: Weihnachtsmarkt Leer, Riesenrad
S. 12/13: Hafenansicht Leer in Blickrichtung Dr.-vom-Bruch-Brücke
S. 16/17: Gallimarkt Leer, Szene im Autoscooter
S. 20/21: Teemuseum Norden, Außenansicht
S. 23: Hafenszene Norddeich
S. 28/29: Am Delft in Emden mit dem Museumsschiff Amrumbank
S. 31: Strandszene auf den Ostfriesischen Inseln
S. 32: Gebäude der Ostfriesischen Landschaft in Aurich zwischen Fischteichweg und Georgswall
S. 36/37: Café Remmers in Norden, Innenansicht
S. 38: Ostfriesische Teezeremonie, Detailansicht mit dem berühmten Teegeschirr „Ostfriesische Rose"
S. 41: Juist, Strandhalle bei Nacht. Hier ist auch die Schirmbar ansässig
S. 42: Detailansicht Dornumer Schloss, wo es ebenfalls einen schönen Weihnachtsmarkt gibt
S. 45: Inselbrauerei und Kaffeerösterei Langeoog, zwischen Inselbahnhof und Innenstadt gelegen
S. 46: Fähre zu den Ostfriesischen Inseln, Oberdeck mit Sitzplätzen
S. 51: Nordseeimpression am Strand einer Ostfriesischen Insel
S. 52: Lale-Andersen-Statue auf Langeoog, unterhalb des Wasserturms
S. 58: Konzertmuschel am Kurplatz auf Juist mit den Musikern des ungarischen Kurorchesters

S. 61: Eingang zum Auricher Gymnasium „Ulricianum", benannt nach seinem Gründer Graf Ulrich II.
S. 63: Eingang zum Weihnachtsmarkt am Lütetsburger Schloss, eine Wasserburg, deren Anfänge ins 14. Jahrhundert datieren
S. 64: Weihnachtsbaum im Innenhof des Weihnachtsmarkts beim Lütetsburger Schloss
S. 70: Dat Otto Huus in Emden, Museum mit allerlei Requisiten aus den Filmen und Bühnenshows des gebürtigen Emders Otto Waalkes
S. 73: Restaurant „Casto's" in Emden, der vielleicht beste Italiener in ganz Ostfriesland
S. 77: Detail im Zelt des Lütetsburger Weihnachtsmarktes, Rentier mit Schlitten
S. 80/81: Domäne Bill auf Juist, Außenansicht. Hier gibt es den legendären Rosinenstuten
S. 85: Café Kluntje auf Baltrum, Innenansicht. Schnuckeliges Café, im Ostdorf gelegen
S. 86/87: Fehnmuseum Westgroßefehn, Innenansicht im Eingangsbereich
S. 91: Riesiger Aufsteller der Norder Teefirma „Onno Behrends" am Ortseingang Norden
S. 92: Eingangsportal der Ostfriesischen Landschaft in Aurich
S. 95: Blick in die Auricher Fußgängerzone in Richtung der Lambertikirche
S. 99: Vorplatz und Eingangsbereichs des Bahnhofs in Leer
S. 100/101: Blick in die Leeraner Fußgängerzone Richtung Denkmalsplatz
S. 104: Kaffeerösterei Baum, Außenansicht
S. 107: Gleis 4 am Leeraner Bahnhof, vormals mit der merkwürdigen Benennung 4/14 (obwohl nur von 3 Gleisen Züge fahren)
S. 111: Klinikum Leer, in dessen Nähe Thekla wohnt

S. 112: Blick in die Leeraner Fußgängerzone, im Hintergrund
auf der rechten Seite die Kaffeerösterei Baum
S. 115: Augustenstraße, Leer. Hier geht Arne zu
Theklas Wohnung
S. 116: Typische Landstraße durch Ostfrieslands
weite Landschaft
S. 118/119: Hafen Ditzum, hübscher Anziehungsort für
Urlauber und Ausflügler
S. 124/125: Hafen Leer mit Blick auf die Nesse-Halbinsel
S. 126: Weg durch die Dünen zum Strand auf Juist
S. 132/133: Polizeigebäude Leer, fiktiver Arbeitsplatz von
Klaus Martens
S. 140/141: Blick in die historische Altstadt von Leer.
Hier vom Rathaus aus die Rathausstraße entlang
S. 144/145: Breiter Dünendurchbruch auf Juist, hier fahren
bisweilen auch Kutschen zur Strandfahrt durch
S. 146: Abendliche Strandszene auf Juist. Entschleunigung pur
S. 150/151: Fähre „Frisia IX", eine der großen Juist-Fähren.
Obwohl sie „Norderney" heißt ...
S. 153: Yachthafen Juist, mit dem großen Strandhotel auf
der Spitze der Düne im Hintergrund
S. 154: Blick in die Friesenstraße auf Juist,
auf halbem Weg zwischen Hafen und Strand
S. 157: Straßenszene auf der Strandstraße auf Juist.
Ein Cappuccino im Olivino
S. 158/159: Das große Strandhotel bei Nacht
S. 160: Detail auf Juist, Wegweiser zum Strand
S. 164/165: Innenansicht „Café del mar", Juist.
Schauplatz des Finales
S. 167: Verschiedene Tapas im „Café del mar" auf Juist

Carsten Tergast ist ein echter Leeraner:
Dort geboren und aufgewachsen, hat er seine
Heimatstadt nur für eine kurze NRW-Stippvisite
verlassen. Er liest seit Kindertagen fast alles,
was ihm in die Finger gerät – seit der Lehre zum
Buchhändler gehören auch Krimis und Thriller
zum Repertoire. Heute arbeitet der studierte
Literaturwissenschaftler als freier Autor und freut sich,
mit „Wer man früher war" seine Krimi- und
Ostfrieslandleidenschaft verbinden zu können.

Bibliografische Information der Deutschen Nationalbibliothek
Die Deutsche Nationalbibliothek verzeichnet diese Publikation
in der Deutschen Nationalbibliografie; detaillierte bibliografische
Daten sind im Internet über http://dnb.d-nb.de abrufbar.
© 2025 Droste Verlag GmbH, Flinger Broich 18, 40235 Düsseldorf,
kontakt@droste-verlag.de
Konzeption/Satz: Droste Verlag, Düsseldorf
Einband: Henk Wyniger, Düsseldorf
Fotos: Carsten Tergast, außer S. 174: Rebecca Tergast
Lektorat: Christoph Nettersheim, Nürnberg
Druck und Bindung: Friedrich Pustet GmbH + Co. KG, Regensburg
ISBN 978-3-7700-2644-9
droste-verlag.de